LA INNOVACIÓN COMO SOLUCIÓN

Haciendo la innovación más persuasiva, previsible y rentable

Praveen Gupta

Prólogo de Carlos Ponce-Martínez
Cónsul General de México

Traducido de
Ramón Fernández-Linares García de España
Luis Guillermo Castellanos de México

eBooks2go

Shaumburg, IL, USA.

Testimonios de usuarios de Brinnovation™

"Recientemente comencé a trabajar en una compañía en la cual se estaba desarrollando una nueva plataforma tecnológica desde hace un año. Dos meses después de haber ingresado, desarrollé en tres días mi propuesta de plataforma tecnológica utilizando la metodología Brinnovation"

—Ingeniero en Desarrollo de TI

"La metodología de Brinnovation ayuda a identificar todos los departamentos involucrados, así como los elementos necesarios para encontrar la solución innovadora más rápidamente, al grado de reducir entre 40 y 60 por ciento el tiempo para implementar dicha solución. Al llevar a cabo todo el proceso, notarás que sabes más que lo que desconoces, lo cual, de cualquier manera lo descubrirías demasiado tarde. Esta metodología identifica áreas de oportunidad en el ciclo de innovación para priorizar o asignar recursos. Siempre existe el temor de fallar o prejuicios de que la solución propuesta no va a funcionar. La metodología sistemáticamente estimula la experimentación y mitiga el temor a fallar. Además, motiva el pensamiento enfocado a la meta o la aspiración por la innovación (la ausencia de la principal barrera contra la innovación)".

—Ingeniero en Desarrollo de Producto en una Empresa de Telecomunicaciones

"Impartí innovación y emprendimiento junto con Praveen Gupta en el Instituto de Tecnología de Illinois (ITT). Hemos identificado los diferentes roles de la innovación y el emprendimiento para el éxito de cualquier empresa. Sus métodos y herramientas siembran y nutren las semillas de la innovación las cuales serán utilizadas extensamente por sus estudiantes por mucho tiempo después de haber estudiado la metodología. El libro ofrece un excelente marco y herramientas para

—Decano C. Robert Carlson. Escuela de Tecnología Aplicada, Instituto de Tecnología de Illinois.

Más elogios para *La innovación como solución*

"Esta es una lectura obligada para cualquier interesado en la innovación. Con un estilo condensado y de fácil lectura, el libro ofrece las mejores estrategias, metodologías y herramientas para la innovación; incluyendo cómo cambiar paradigmas para permear con la innovación el negocio cotidiano. Esto asegurará el progreso, la agilidad y el crecimiento sostenido de su empresa".

—Adina Suciu, MBNQA Award Examiner and Consultant, Seattle, WA

"La intensa competencia global exige que las compañías, grandes o pequeñas, implementen la innovación en todos los niveles, incluyendo nuevos productos y servicios como parte de su desarrollo diario. El libro de Praveen Gupta *La Innovación como solución*, ofrece referencias sobre innovación que cualquier compañía puede utilizar para seguir a flote y prosperar en este siempre cambiante mercado actual.

—Jim Correll, Asistente / Coach de Negocios, Independence Community College, Independence, KS.

"*La Innovación como solución* describe de forma concisa la innovación. La introducción sobre TEDOC ofrece un útil modelo para desarrollar cualquier producto o servicio nuevo. ¡Una práctica referencia para quien intente innovar!"

—John Forsberg. Master Innovador en Desarrollo de Negocios. Instructor y Consultor, Schaumburg, Il.

"*La Innovación como solución* es un práctico libro para cualquier persona interesada en la mejor comprensión y aplicación de los principios de la innovación, para ayudar a impulsar a sus compañías a niveles superiores de desempeño y rentabilidad. ¡Una lectura obligada para quien intente alcanzar el éxito en el siglo XXI!"

—Peter G. Balbus. Director General, Pragmaxis, LLC.

"La Innovación como solución ofrece el contexto, marco, herramientas y directrices operativas para lograr que la innovación realmente suceda, desde la concepción hasta un negocio comercialmente viable".

—Atulya Nath. CEO, Global Institute of Intellectual Property, New Delhi, India.

"El marco de referencia ofrecido por Praveen es una gran guía para enseñar innovación en cualquier universidad del mundo, ya que expande los elementos básicos de la innovación hasta el conocimiento más completo. Sus métodos pueden ser aplicados de inmediato".

—Rubén Pablo García Ortegón. Relaciones Internacionales, Universidad Tecnológica de León. León, Guanajuato, México.

"La Innovación como solución simplifica el conocimiento de la innovación y presenta conceptos y métodos para innovar de forma personalizada.

—Jorge Oliveira Teixeira. MBA, Socio Gerente de Accelper Consulting Iberia, Portugal.

"Creatividad e innovación en los negocios se pueden aprender. *La Innovación como solución* ofrece el marco para aprender y las herramientas para alcanzar resultados fiables e innovadores que requieren las empresas para mantener un crecimiento rentable.

—Ed Coates. Master Certificado en Innovación de Negocios. Faculty, Lebanon Valley College. Annville, Pa.

La Innovación Como Solución

Haciendo la innovación más persuasiva,
previsible y rentable

Praveen Gupta

Prólogo de Carlos Ponce-Martínez,
Cónsul General de México

Primera Edición 2011

Gupta, Praveen
The Innovation Solution
Publicado por Accelper Consulting

Para obtener el permiso de traducir este libro a otros idiomas, para comprar de stock, o para recibir un descuento al por mayor, por favor contactar con Accelper Consulting en:
e-mail: info@accelper.com, guptapraveen@hotmail.com
Tel: (408) 429-9782

ISBN 10: 1-61813-209-1

ISBN 13: 978-1-61813-209-3

Otros libros de Praveen Gupta

Innovación Global Manual Ciencia

Innovación empresarial en el siglo XXI

Hoja de resultados empresariales Six Sigma

Manual de desempeño Six Sigma

La hoja de resultados de servicios completa y equilibrada

Mejorando la calidad y el costo de los servicios de salud con Six Sigma

Dedicado a todos mis maestros, profesores, y gurús

Índice

Prólogo

Cuán alejados y a la vez qué tan cerca estamos hoy de aquella máquina, casi objeto de la brujería, que era la "Enigma". Cuánto esfuerzo y creatividad innovadora fue invertida para crear esa máquina casi mágica, con la que los militares de un siglo atrás podían cifrar y descifrar mensajes.

¿Qué diferencia existe entre una idea innovadora de hace un siglo y una idea vanguardista y creadora del Siglo XXI? La diferencia radica en la complejidad global del mundo de hoy, en la velocidad con la que se generan nuevas ideas y en el impacto que éstas tienen en la vida de los seres humanos de este siglo.

En julio de 2012, cuando ya tenía más de doce meses a cargo del Consulado General de México en San José, California, tuve el placer de conocer a Praveen Gupta. Su brillantez y agudo conocimiento quedaron de manifiesto durante la charla que dictó sobre "la innovación como motor de crecimiento económico", en el marco de las conferencias co-organizadas por este Consulado General. Justo en el corazón del Silicon Valley, lugar emblemático casi enigmático donde se engendran las ideas que mueven al mundo global que hoy nos ha tocado vivir.

Praveen captó el interés de los asistentes al mostrar, de manera clara, las ventajas que tiene la innovación en los emprendedores. Disertó sobre la importancia que la innovación tiene para el éxito en nuevas oportunidades de negocios. Sus conocimientos y recomendaciones para los emprendedores, entre las que señala "hay que competir con innovación", quedaron plasmados en su libro "The Innovation Solution", con el que aporta un marco de referencia para aprender, entender y poner en práctica ideas innovadoras.

Ahora Praveen nos ofrece una nueva oportunidad, al presentarnos en esta ocasión su libro en español. De esta forma, convierte su texto en una herramienta más accesible para la comunidad de habla hispana, lo que no es menor. Si analizamos las desventajas que tiene esta misma comunidad al competir por los diferentes espacios del desarrollo, entendemos claramente la trascendencia de esta publicación. La cual se convierte en una nueva forma de aprender y entender mejor cómo y qué hacer, para participar y competir con mejores oportunidades por los espacios de éxito que ofrecen las "Enigmas" aún por descubrir.

El reto ahora es cómo trabajamos todos juntos por desarrollar ideas y formas innovadoras. Para llevar educación a quienes no la tienen y acercar el desarrollo a quienes no lo conocen. Para llevar luz a donde únicamente ha habido oscuridad y volcar toda esa innovación en un mundo mejor.

Que la innovación sea pues el camino que mantenga a la humanidad en este planeta, sin que en el intento dejemos de ser humanos.

Carlos Ponce-Martínez
Cónsul General de México en San José
Febrero 2014

SRE
CONSULADO GENERAL DE
MÉXICO EN SAN JOSÉ

Prefacio

Desde que desarrollamos el marco avanzado para la innovación en 2005, mis colegas y yo hemos tenido notables progresos. Este marco lo presentamos *on line* en los boletines electrónicos para así obtener una retroalimentación rápida; luego lo presentamos en reuniones ejecutivas para observar las reacciones. Finalmente hicimos la difusión en forma de artículos para hacerlo llegar a audiencias mayores y, una vez más, recibir su retroalimentación. Los comentarios recibidos fueron positivos e interesantes. Este entusiasmo nos llevó a que publicáramos un libro muy completo sobre innovación llamado *Innovación en los negocios en el siglo XXI*. En este libro contaba con participaciones de expertos en la industria así como el marco para la innovación de vanguardia.

El marco para la innovación de vanguardia se constituyó en la base para el curso -a nivel licenciatura- sobre innovación en los negocios, gozando por más de cinco años de matrícula constante. Los estudiantes están aprendiendo el marco para la innovación en los negocios, disfrutando las clases y aplicando los conceptos en sus lugares de trabajo. Algunos de ellos han enviado notas de agradecimiento al igual que sus historias de éxito. Por ejemplo, un practicante nos comentó que lo que desarrolló en aproximadamente una semana le hubiese tomado cerca de seis meses hacerlo por sus propios medios. Otro estudiante nos compartió que su compañía intentó desarrollar una nueva plataforma tecnológica durante año y medio, sin embargo, él la desarrolló en tres días gracias a la metodología en innovación de vanguardia.

La *Innovación en los negocios en el siglo XXI* ya ha sido publicado en portugués, y está traduciéndose al español. Además el libro ha sido publicado en India, para el mercado del sudeste africano por el Grupo S. Chand.

Después de impartir clases sobre innovación en los negocios por seis semestres, lancé un programa de entrenamiento y certificación en colaboración con el Instituto de Tecnología de Illinois. La finalidad del programa es entrenar y certificar profesionales –generalmente ocupados- en menor tiempo, capacitándoles para que desarrollen soluciones innovadoras más rápidamente.

Además del libro y el programa de entrenamiento el *International Journal of Innovation Science* fue lanzado por Accelper Consulting en conjunto con Multi Science Publishing del Reino Unido. La finalidad de esta publicación es promover la ciencia de la innovación en el campo profesional aplicándose sistemáticamente.

La primer conferencia sobre innovación en los negocios se realizó en septiembre del 2008 dando como resultado un nutrido intercambio de ideas. Con todas estas iniciativas disponibles muy pronto surgirá un equipo que desarrolle modelos de referencia para la innovación.

En tanto las diferentes piezas que promuevan la innovación empresarial comiencen a surgir, es aún pertinente la necesidad de un libro que ofrezca –a cualquier persona- una solución sencilla para innovar y desencadenar el proceso. Para conseguir ese objetivo es que escribí *La innovación como solución*.

He tenido la fortuna de disfrutar mi viaje por la innovación, desde el 2005, con muchos amigos, estudiantes, colegas y mentores. Me disculpo porque seguramente olvidaré mencionar a personas valiosas pero quiero reconocer la ayuda a Paul Davis, Natasha Tong, Suresh Shenoy, Abhai Johri, Venkat Ravilla, Nickhil Mahabaleshwar, Mohit Gaonkar, Adam Hartung, Peter Balbus, Phil McEntee, Gurinder Singh, Ray Mehra, Tarun Kumar, Nand Prakash Garg, Pradeep Goel, Steve DuBrow, Carl Vizza, Janet Reif, Ruth Sweester, Nik Rokop, Brett Trusko, Heather Van Sickle, Scott Pfeiffer, Dan Brown, Veer Khare, Divya Chekki, Rajiv Khanna, Nichole Novak, John Forsberg, Siri Chakka, William Bradford, Aditya Nath, William Wentz, y Robert Carlson. Agradecimiento especial para mis amigos de Microsoft, particularmente a Adam Hecktman and Krishna Kumar por compartir su vasto conocimiento y por patrocinar el Premio al Estudiante Innovador para mi asignatura de innovación empresarial.

Un agradecimiento internacional para mis amigos Alberto Casal, Irena Suznjevic, Slavko Vidovic, Luís Filipe Reis, João Mendes, Jorge Teixeira, y muchos más por su apoyo entusiasta y compañerismo. Mi especial agradecimiento a Miguel Peixoto de Sousa y João Luis Sousa de *Vida Economica* por publicar *Innovación Empresarial en el Siglo 21* en portugués y a Dinesh Jhunjhunwala y Nirmala Gupta, de S. Chand & Group, por publicar el libro en el Subcontinente Indio.

Extiendo mi gratitud personal a Arvind Srivastava, Dan Pongetti, y Shellie Tate por su inquebrantable compromiso para publicar este libro, al equipo de PANIIT2009 Global Conference por distribuir una copia de su edición de pre-publicación a los casi dos mil asistentes.

¡Disfruta innovando!

Praveen Gupta
Octubre 2015

El Innovación Expreso

Unas palabras a los profesionales que deciden viajar hacia la innovación: El trayecto hacia la innovación es mas sencillo cuando tienes una guía y además un mentor como Praveen Gupta a lo largo del camino. *La innovación como solución* te ofrece a ti, el practicante, una rápida solución para transformarse de una forma tradicional a una innovadora, lo cual es vital en el competido mercado global. Innovar sin la pasión por lograr el éxito, es como un avión sin combustible. Cuando se tienen las técnicas para innovar y la pasión por encontrar soluciones, cualquier cosa es posible. Conozco profesionalmente a Praveen por más de una década lo cual ha sido para mi un placer y un honor. Él aborda todo en la vida con pasión y entusiasmo. Para aprovechar al máximo *La innovación como solución* te debes comprometer a cumplir con los procesos y principios aquí presentados. Deseo a Praveen, y a todos los pasajeros del tren de la innovación, un viaje placentero.

Ray Mehra
R-Squared CEO

Capítulo Uno

El Dilema de la Innovación

La innovación ha sido tema de discusión por más de veinticinco años. En 1985 Peter Drucker publicó un artículo sobre este tema titulado "La disciplina de la innovación", más tardé escribió el libro *Innovación y espíritu emprendedor* que nos llevó a pensar en términos de procesos de innovación. Por esos mismo años, Robert W. Weisberg, el autor de "Creatividad, genios y otros mitos" publicado en 1986, dijo que era el momento para que se desarrollara una teoría para la creatividad. Coincidentemente la economía más grande del mundo, los Estados Unidos, comenzaba a padecer una fuerte competencia global.

Mientras las compañías norteamericanas se enfocaban en alcanzar crecimiento, pudo haber sido en innovación; la estrategia empleada para alcanzar sus objetivos económicos fue la reducción de costos -el camino de menor esfuerzo. El enfoque de excelencia operativa asumió el control de la innovación. La reducción de costos se aceleró con el uso de herramientas como Six Sigma y Lean, la innovación se estaba incubando.

Lograr ganancias no es una meta equivocada, la cuestión es si debería ser el único objetivo. ¿Qué tal mantener un crecimiento constante en las utilidades a mediano plazo, generando nuevos productos, servicios y soluciones con valor agregado al cliente?

Las herramientas para alcanzar el objetivo en las utilidades tuvieron impactos positivos de corto plazo en sus intereses básicos; sin embargo su continuidad era cuestionable debido a la falta de una estrategia de crecimiento a través de innovación empresarial. El continuo adelgazamiento de los procesos lleva a la anorexia corporativa y el uso de metodologías como Lean o Six Sigma con el fin de reducir el desperdicio de recursos puede concluir en una parálisis analítica. Por más de dos décadas los principales indicadores de mejora continua han sido la utilidad y la reducción de costos. Desafortunadamente los negocios siempre se agotan con el ahorro cuando se utiliza Lean o Six Sigma sin implementar la innovación para detonar las oportunidades de crecimiento.

Mientras el mundo corporativo estaba ocupado con reducir costos, gobiernos y escuelas de negocios estaban atareados en generar leyes, políticas y estrategias que impulsaran la innovación. Estas organizaciones se enfocaron en calcular el impacto específico de la innovación. Por ejemplo, el CEO de una gran compañía, inspirado por lo que él ha visto en sus años de trabajo sobre innovación, solicita a su equipo que lean un libro sobre innovación y una vez finalizado le hagan saber si necesitaron ayuda o si debería llamar a un experto sobre innovación. Desafortunadamente nadie le llama para platicar sobre el tema. A pesar de los estudios sobre tendencias globales hechos por IBM, encuestas realizadas por McKinsey, expertos escribiendo una infinidad de libros, consultores ofreciendo numerosas metodologías y líderes ofreciendo pláticas inspiracionales utilizando ejemplos de la década de los ochentas, la gente seguía confundida -escépticos en el mejor de los casos- progresando de una manera ineficiente y limitada, si acaso. Tenemos que mejorar.

Como ejecutivos entendemos que la innovación es una de las cuatro prioridades cruciales. Sin embargo, no sabemos cómo establecer una estrategia, dónde iniciar, qué recursos necesitamos o incluso qué esperar. Nos preguntamos cómo meternos en la cabeza este concepto de innovación, mientras leemos historias de conflictos escritas por grandes compañías de consultoría en las principales revistas de negocios. Como resultado de estas complicaciones, actualmente la innovación ha perdido parte de su popularidad y glamour, pero sigue siendo el tema de casi toda las reuniones. El dilema es que queremos adoptarla, pero no comprendemos lo suficiente a la innovación como para implementarla en nuestras empresas.

Hay una verdad indiscutible, todos nacimos con la capacidad creativa de la misma forma en que todos tenemos el instinto para caminar; todos somos creativos, así es como la humanidad se las ha resuelto para permanecer como especie durante tanto tiempo. El desafío actual reside en aprender para lograr el objetivo de ganar la carrera en la competencia global. Para correr una carrera uno debe entrenar. Pensemos en nuestra postura cuando caminamos y cuando corremos. ¿Qué parte del cuerpo lidera la carrera? Todos caminamos y corremos con nuestros pies pero corremos con la cabeza. En la mayoría de las carreras encaramos una competencia intensa y requerimos velocidad para ganar. Así como se requiere entrenamiento para ganar carreras, se requiere de entrenamiento para tener éxito en la carrera de la innovación.

En ocasiones nos sentimos desorientados y sin ayuda; sin una guía clara, perdemos el significado de la innovación. La buena noticia es que no estamos solos; aún cuando la definición de innovación ser transforma constantemente. La innovación no se trata solo de crear soluciones diferentes, por el contrario, para un negocio ahora implica crear algo único que sus clientes disfruten, se beneficien inmensamente o por lo cual estarían dispuestos a pagar. La siguiente es una definición práctica de innovación empresarial:

La innovación es el desarrollo continuo y eficaz, implementar soluciones novedosas para ofrecer valor agregado a los clientes, alcanzar un crecimiento rentable y adquirir ventajas competitivas.

¿Quién debe liderar la innovación en una empresa? En la era de la información es necesaria la creación de nuevos valores agregados debido a la enorme cantidad de información que está circulando. Además, la innovación no se limita a productos o servicios, debe estar presente en cada aspecto del negocio, es la distinción que acumula todas las estrategias de innovación aplicadas en una empresa y que proporciona una gran ventaja competitiva. Por ejemplo, iPod no es solamente la innovación de un producto, es un sistema compuesto por muchas innovaciones en aplicación, producto, distribución, personalización, branding, venta, servicio, suministros y accesorios.

No podemos simplemente pensar en innovar algo e intentar venderlo, al contrario, debemos concentrarnos en innovar sistemas para ofrecer a los clientes una agradable experiencia y así tener más personas dispuestas a pagarla.

Para alcanzar este nivel de innovación y lograr la ventaja competitiva asociada a ella, la innovación debe ser institucionalizada sublimar las capacidades de todos los empleados. Un despliegue tan amplio de innovación requiere información, tecnología y personal. El departamento de TI maneja la información y la tecnología para influir en el personal. No es casual que cuando intenté presentar mi curso de innovación empresarial en escuelas de negocios o en programas de ingeniería industrial, finalicé dando el curso de innovación al departamento de Gestión de Tecnologías de la Información. Y cuando otros departamentos reconocieron la necesidad de innovar, se les permitió a los estudiantes de estos departamentos asistir a la clase de innovación.

La información lleva al análisis, el análisis lleva a la inteligencia y la inteligencia lleva al conocimiento que a su vez crea un apetito por la búsqueda de nuevos conocimientos e innovación; toda esta dinámica genera una excelente oportunidad para nuestros amigos de TI para cambiar el valor de su puesto, de sólo justificarse en los centros de costo a ser generadores de soluciones innovadoras para el crecimiento del negocio. El puesto de Jefe de Información evoluciona a Jefe de Innovación.

La estrategia fundamental de los negocios

En una economía en crecimiento, somos menos reacios a tomar riesgos y estamos dispuestos a justificar derroches en nombre de la creación de nuevas oportunidades. En una economía que se contrae, mantenemos el enfoque en reducir costos, reducir pérdidas, y mantenerse a flote y en el último de los casos, generar utilidades.

Tal situación en la gerencia del negocio confronta la utilidad contra el crecimiento, la reducción de costos contra la inversión, la excelencia contra la innovación y los recortes contra la creación de empleos.

Con el fin de establecer el punto mínimo y el punto más alto de manera independiente, es necesario pensar de una manera completamente diferente; nuestras estrategias son distintas y aparentan estar en conflicto. Por ejemplo, si una compañía se enfoca en reducir costos, el resultado será una serie de actividades para disminuir costos. Este enfoque suicida de negocio catapulta hacia una espiral descendente que, eventualmente llevará al cierre. Una compañía puede buscar crecimiento rentable, pero requiere mucha inteligencia; la innovación es indispensable para explorar las oportunidades de crecimiento. El crecimiento genera esperanza y entusiasmo mientras que el enfoque en los costos genera miedo y tensión.

Fusiones y adquisiciones (M&A) han sido la norma para alcanzar crecimiento en los ingresos, el reporte hecho por KPMG (*Mergers and Acquisitions Global Research Report*) y publicado en 1999, muestra un 17% de efectividad cuando se aplica esta opción, en búsqueda de las metas planteadas. Muchas compañías exitosas desarrollan una combinación aplicando alguna estrategia de M&A además de crecimiento orgánico; ambos enfoques han logrado algún éxito pero no como los ejecutivos lo desearían.

En una economía globalizada, la reducción en la dependencia del ciclo de vida del producto sobre un crecimiento orgánico en aumento, requiere un proceso de innovación que sea ágil, eficiente y fácil de administrar. Alcanzar tal estrategia de innovación nos exige involucrarnos en temas como los siguientes:

1. Evolución en la definición de innovación.
2. La eficacia de la innovación.

3. La eficiencia de la innovación.

4. El alcance de la innovación.

5. La rentabilidad de la innovación.

6. La tasa de innovación.

7. Variadas metodologías.

8. Medición de la innovación.

Los proyectos financiados con fondos de riesgo han experimentado rangos de éxito de alrededor del 10%, los de I+D, impulsados por la innovación, tiene una tasa de éxito del 5 al 10 por ciento, y las M&A, como se ha mencionado, tienen una tasa de éxito cercano al 17 por ciento. En otras palabras, todo lo que contribuye al crecimiento tradicional del negocio tiene una tasa de éxito baja. Al mismo tiempo seguimos impulsando la producción y operaciones para una tasa de éxito de casi el 100%. Existe un énfasis desproporcionado sobre la excelencia en las operaciones y otros aspectos del negocio.

A decir verdad, los negocios han caído a pesar de aplicar metodologías como Lean o Six Sigma. Otros factores, aparte de las operaciones, tienen un impacto significativo en el desempeño; nuestra investigación muestra que el impacto en las operaciones es de cerca de un 10% en el desempeño de la empresa, lo que implica que otras áreas son más significativas para el éxito de la compañía. La tabla 1.1 muestra una caída en la importancia de los elementos de desempeño corporativo.

PROCESO EMPRESARIAL/FUNCIÓN	IMPORTANCIA	PAPEL
Liderazgo (Consejero Delegado y Personal)	30%	Inspirar y Recompensar
Gestión	20%	Acelerar la Mejora
Participación de los Empleados	10%	Soluciones Innovadoras
Distribución y Ventas	10%	Crecimiento de los Ingresos
Compras y Cadena de Suministro	10%	Calidad y Costes
Excelencia de las Operaciones	10%	Optimización y Excelencia
Servicio al cliente y Crecimiento	10%	Tendencias y Deleite
Total	**100%**	

TABLA 1.1 Elementos de desempeño corporativo.

Las decisiones del CEO y de el líder del equipo de colaboradores tienen un peso enorme en el éxito corporativo. Los mandos medios tienen igualmente un papel determinante en el esfuerzo por lograr la perfección y su atención debe centrarse en conducir la mejora y no en el manejo del personal. En la era del conocimiento usualmente no se requiere de demasiada supervisión sobre las personas; una vez que los líderes y gerentes desarrollan el marco adecuado –el equilibrio ingreso contra costos, y optimización contra inversión- la innovación puede ser fácilmente gestionada.

El dilema de la innovación

Los ejecutivos están deseosos de invertir en innovación, investigación, desarrollo y la gestión de las ideas por parte de los empleados. Suelen frustrarse al no recibir con rapidez beneficios financieros, o aún peor, cuando la implementación de la innovación causa pérdidas. Muchos productos causan pérdidas durante sus primeros años en el mercado cuando las compañías aplican un sistema de desarrollo de nuevos productos (DNP) convencional, este proceso tiene un enfoque mucho mas cauto respecto a la gestión en el manejo de la incertidumbre y los riesgos asociados con el desarrollo de producto más que una contribución a la innovación.

Estos procesos de NDP no fomentan realmente la innovación; he visto compañías lanzar nuevos productos simplemente ajustando las tolerancias del diseño, pensando que el cliente obtendrá con esto un mejor rendimiento, sin embargo el cliente no ve ningún beneficio. En realidad estas "innovaciones" solo causan problemas en la fabricación, arrojando leña al fuego en lugar de evitar más llamas, perpetuando así una tendencia negativa en cuanto al crecimiento rentable.

Los ejecutivos desean invertir en innovación, pero hoy en día y en esta época, no hay resultados seguros ni garantizados; así que perdemos más tiempo identificando riesgos en lugar de crear recompensas para el éxito. Las corporaciones y las instituciones académicas que invierten en métodos de investigación e innovación necesitan colaborar y tomar el liderazgo para ofrecer esta certidumbre y en lugar de la enseñanza de emprendurismo para gestionar innovaciones de las cuales, no sabemos mucho.

Un requisito indispensable para la innovación es la creatividad ya que la innovación es la creatividad aplicada. El emprendurismo se trata de capitalizar la innovación. Un requisito esencial para el emprendurismo exitoso es la excelencia, no escasean programas académicos sobre emprendurismo, sin embargo existen pocas opciones para aprender sobre innovación.

Los ejecutivos se sienten frustrados con respecto a la innovación principalmente por la tardanza en el retorno de las inversiones hechas en innovación, con el esquema actual el tiempo requerido es de cinco a siete años. Sin embargo, la era de la información rápidamente ha reducido el ciclo de vida de un producto de algunos años a algunos meses, por esto, encontramos un desfase en los niveles fundamentales. Existen investigaciones que muestran que la implementación de métodos convencionales para el desarrollo de nuevos productos –incluso en compañías innovadoras- tienen un retorno de la inversión del orden del $0.17 dólares al año. Por otro lado, las empresas basadas en la economía del conocimiento tienen un retorno de la inversión de alrededor $0.80 dólares por año. La recuperación de la inversión en esta nueva economía, utilizando los métodos convencionales de innovación, puede retrasarse para siempre. Por lo tanto, el proceso de innovación debe ser enseñado, dominado y acelerado en toda la organización. La innovación ya no debe ser considerada como el resultado de un destello de genio, sino que debe estar enfocada a convertir a todos en genios.

Incluso Albert Einstein fue conocido solamente como Albert en sus años mozos; no era el mejor estudiante en clase. Aún así, debió ser curioso y reflexivo sobre lo que veía en la fábrica de su padre o lo que estaba aprendiendo. Su aporte cambió sustancialmente tan pronto comenzó a trabajar en la oficina de registros de patentes y marcas, en el año de 1902 en Zurich. Curiosamente, sus cuatro artículos se publicaron en 1905. ¿Qué cambió? Cuando uno trabaja en una oficina de marcas y patentes, conoce el trabajo creativo de otras personas, generando así nuevas ideas propias.

Afortunadamente para nosotros ser innovador en la actualidad no nos exige trabajar en una oficina de marcas y patentes, cualquier persona, con firme decisión puede realizar innovaciones. Todos tienen acceso a oficinas de marcas y patentes y pueden aprender de lo que otros estén haciendo, cuáles son las áreas de exploración y cómo identificar nuevas oportunidades para la innovación; en otras palabras deben sacarle jugo a la base de datos de marcas y patentes para sintonizarse en los descubrimientos más recientes.

Curiosamente la mayoría del trabajo de Einstein lo tenía memorizado, condujo numerosos experimentos mentales. Einstein tenía muchos descubrimientos destacados sobre los fundamentos del universo, registró algunas patentes y ganó el Premio Nobel. Al otro lado del espectro, Thomas Edison era un innovador práctico, dominaba el proceso de la invención y la innovación y obtuvo muchas patentes (más de cien). Él creía que podía innovar todo el tiempo y planeó tener una patente por semana. Debió haber creído en la repetibilidad del proceso de innovación. Actualmente Steve Jobs descubrió cómo innovar nuevos productos. Creía poder innovar productos frecuentemente y utilizar el proceso de innovación repetidamente.

Eventualmente un proceso de innovación tiene que establecerse, aprenderse y practicarse rutinariamente, cualquier proceso que se convierte en hábito conduce a una nueva función de negocio. Cerca del 20% de las empresas tienen algún tipo de líder en innovación, pudiéndose llamar gerente, director o jefe de innovación. Debemos aprender y estar en la punta de la curva si queremos mantenernos competitivos globalmente; debemos invertir en educar sobre métodos y prácticas de innovación para nuestros empleados. Mis investigaciones muestran que también se deben crear incentivos para generar la cultura del aprendizaje entre los colaboradores. Recompensar el éxito con un incentivo para aprender más.

Se suele hablar sobre innovación impulsada por el mercado, innovación abierta e innovación impulsada por la investigación y el desarrollo (I+D). Cada empresa debe utilizar todas estas vías, la innovación impulsada por la investigación y el desarrollo debe acelerarse, la innovación impulsada por el mercado debe incorporarse y la innovación abierta debe tomarse en cuenta. La innovación impulsada por la investigación y el desarrollo se percibe con un mejor control de la propiedad intelectual y que toma mayor tiempo en implementarse. La innovación impulsada por el mercado necesitan ser desarrolladas rápidamente para tener ventaja debido al poco tiempo de vida que ofrece la oportunidad. La innovación abierta cuesta dinero, como las fusiones y adquisiciones, pero puede ser lanzada rápidamente. Por lo tanto, la estrategia de innovación para una empresa tiene que tomar en cuenta los tres propulsores de la innovación.

La innovación como solución

Combinando la teoría de las restricciones de Eliyahu M. Goldratt y Six Sigma aprendí que para poder tener éxito uno debe dominar las siguientes cuatro áreas:

1. Gestión del tiempo
2. Proceso de pensamiento
3. Pensamiento estadístico
4. Pensamiento innovador

Este descubrimiento estableció la necesidad de las personas para aprender a pensar innovadoramente. En la era de la personalización masiva debemos ser capaces de definir los límites del proceso de innovación sobre demanda y en tiempo real –especialmente las empresas que ofrecen servicios. La pregunta es: ¿qué deberíamos estar enseñando? Investigaciones posteriores muestran que la mayoría de la literatura sobre innovación versaba sobre creatividad, estrategias, algunos aspectos sobre innovación, fallas corporativas o casos de éxitos corporativos.

La cuestión de lograr el crecimiento empresarial a través de la innovación se identificó con la publicación de los libros más importantes sobre el tema–*El Dilema del Innovador* y *La Solución del Innovador*. Desde entonces, ha habido un diálogo significativo sobre innovación. Muchos más libros sobre innovación se han escrito, sin embargo la mayoría de ellos solo ofrece estadísticas sobre errores, estrategias para el éxito y políticas para la innovación. Estos libros hacen una gran labor al poner sobre la mesa el tema aunque ofrecen limitadas soluciones sobre innovación.

Mientras grandes corporaciones como Microsoft, Apple, Google, Proctor & Gamble, IDEO etcétera, mantienen vivo el fuego de la innovación, muchas otras continúan reduciéndolo, debilitando la competencia de las empresas de la próxima generación, más pequeñas pero más innovadoras. La brecha generacional entre las nuevas y las viejas corporaciones es evidente, las nuevas están diseñadas para innovar rápidamente, mientras que las organizaciones grandes y tradicionales necesitan reunir suficiente ímpetu para cambiar, antes que algo nuevo pueda generarse.

El campo de la ciencia de la innovación debe responder preguntas sobre innovación, que sea fácil de aprender y vigoroso. El aprendizaje involucrado en la innovación no es la acumulación de conocimiento repetitivo, tampoco es totalmente ceñido a preceptos, mas bien debe sacar lo mejor de sus usuarios. La innovación no puede enseñarse vía los métodos convencionales al trabajar con casos de estudio solamente. Con el fin de que las personas comiencen a actuar innovadoramente, primero deben ser capaces de entender la ciencia detrás de la innovación, comprometerse, practicarla y disfrutar al utilizarla.

Para que los ejecutivos lideren o exijan a su personal lanzar una iniciativa en innovación eficaz, primeramente deben entender lo que es la ciencia de la innovación para que estén activa e intelectualmente involucrados y permitan a sus empleados innovar más rápidamente. Todos tenemos la capacidad de ser creativos e innovadores; el propósito de la educación sobre innovación entonces, es preparar y facultar a los empleados para una mayor y más rápida capacidad de innovación utilizando la creatividad para ofrecer mayor valor agregado al cliente. Las innovaciones aportadas deben ser lo suficientemente importantes como para tener un impacto visible en el terreno financiero, así se fortalece la razón de ser de la innovación.

Con la finalidad de diferenciar significativas innovaciones empresariales de innovaciones menos importantes, es que se ha creado el marco de referencia para innovación de vanguardia –Brinnovation. Brinnovation puntualiza los temas sobre cuánta innovación se requiere, qué innovar, cómo crear y cómo innovar. Este marco de referencia exige al usuario un pleno entendimiento acerca de la diferencia entre creatividad e innovación.

Mis alumnos del Illinois Institute of Technology me han ayudado a clarificar las diferencias entre varios términos fundamentales. *Creatividad* es una idea; *invención* se refiere a hacer funcionar algo una vez, e *innovación* se trata de reproducir la solución creativa muchas veces para los consumidores y obtener un pago por ello. Por ejemplo el iPod es considerado una gran innovación actualmente, ahora imaginen si nadie comprara uno; podría seguirse nombrando una innovación? Ante la ausencia de millones de clientes el iPod podría quizá llamarse un producto creativo, si acaso.

Veamos la diferencia entre un inventor y un innovador. Dos personas distintas o empresas juegan estos roles en muchos casos; este acuerdo elimina la ventaja del que pega primero ya que el innovador en ocasiones está mejor informado sobre los errores o peligros de la primera innovación; por ejemplo el iPod no es el primer reproductor de MP3; la computadora IBM no es la primer computadora de escritorio; Google no es el primer motor de búsqueda y Microsoft no es el primer sistema operativo. Hay lecciones valiosas que pueden ser aprendidas de los errores iniciales que usualmente son descubiertos por personas diferentes a sus creadores.

Entendiendo que la innovación implica algo muy nuevo, único o diferente, el marco de referencia Brinnovation ofrece reglas para cuantificar cuánta innovación es satisfactoria. La *regla de dos* establece que una gran innovación significa cambiar el efecto o beneficio de la innovación por lo menos en un factor de dos. Por ejemplo, ninguna industria de telefonía celular existía a principio de los ochentas; ningún había teléfonos móviles en uso. El primer teléfono móvil era tan grande como una mochila; la siguiente versión de un teléfono móvil pudo llevarse en las manos, aproximadamente del tamaño de un ladrillo. Pronto, los modelos de teléfonos móviles bajaron de peso, tamaño y volumen (alrededor del 15 por ciento al año). Entonces alguien en Motorola sugirió que se redujera el teléfono móvil en un 50 por ciento, con lo que se sorprendería a la competencia. Esa decisión llevó al desarrollo de la famosa "tapa de teléfono", y la industria de la telefonía móvil se puso en marcha. El precio inicial de un teléfono era de unos tres mil dólares y Motorola no podía fabricar los suficientes.

Para los próximos diez años, aproximadamente, la tasa de crecimiento promedio para el negocio de la telefonía móvil en Motorola era alrededor del 70 por ciento. Nokia, un nuevo operador en el mercado de la telefonía móvil, tomó a Motorola con la guardia baja. Según la historia, Motorola controlaba el mercado, por lo que no le importaba demanda de teléfonos digitales, especial y pequeña, ya que era una máquina de hacer dinero con los teléfonos analógicos. Nokia explotó la oportunidad, puso en marcha los teléfonos digitales y capturó cuota de mercado. Motorola luchó y trató con varias soluciones. Entonces desde dentro alguien sugirió repetir lo que la compañía había hecho cuando lanzó la tapa del teléfono.

En ese momento, los teléfonos Nokia fueron consideradas como teléfonos "barra de caramelo". Motorola decidió reducir el grosor del teléfono en aproximadamente un 50 por ciento. Esta decisión llevó a perfeccionar el diseño del modelo "tapa de teléfono"; y el nuevo teléfono, llamado el Razr, con un precio cercano a los 500 dólares (mientras que el teléfono de referencia se vendía a treinta y nueve dólares). Una vez más, Motorola no podría fabricar suficientes teléfonos nuevos. El reto es mantener siempre la innovación, no solo cuando se está en problemas.

La innovación de vanguardia implica que si una solución es innovadora debe tener apariencia, sentirse, trabajar de forma innovadora y ofrecer una experiencia agradable al usuario. Por ejemplo, el iPod sustituyó al Discman de Sony; el iPod era más pequeño en un 50 por ciento (dividido entre dos, menos es mejor), tenía más del doble de capacidad de música (multiplicado por dos, más es mejor) además redujo el precio de tu canción favorita en más de un 50 por ciento. Después de todo cada CD tenía si acaso, una o dos buenas canciones, sin embargo tenías que pagar por todas las contenidas en el álbum.

De igual forma, el marco de referencia Brinnovation, simplifica otros aspectos de la innovación: los tipos de innovación (fundamental, de plataforma, derivativa y variación) y la forma en que pensamos sobre las innovaciones (buena, loca, estúpida y divertida). Tres pasos para la creatividad además de tres pasos para identificar qué innovar se presentan en Brinnovation. Existen cuatro factores en la teoría de la innovación y cinco pasos en el OEDOC (objetivo, explorar, desarrollar, optimizar y comercializar) la metodología para el desarrollo de soluciones innovadoras. Sencillamente el marco de referencia, Brinnovation, ofrece todos los diferentes aspectos de la innovación juntos, de forma sistemática, permitiendo así a los ejecutivos darse cuenta y sacar provecho de los beneficios reales y significativos de las innovaciones, en esta época del conocimiento.

¿Qué innovar?

Para los ejecutivos la pregunta clave sigue siendo ¿qué innovar?. Una compañía generalmente realiza innovaciones en el campo que domina a menos que su personal de innovación entre en contacto y colaboren con expertos en otros campos.

La siguiente tabla clasifica una multitud de innovaciones en un conjunto de categorías. La mayoría de las innovaciones caerán en las categorías básicas de las necesidades humanas. Las categorías son seguridad, alimentación, salud, comunicación, productividad, entretenimiento y comodidad, como se muestra en la figura 1.2.

Categoría	Productos, Servicios, O Soluciones
Seguridad	Lente fotocromática, Tarjeta de acceso electrónico, Unidad de eliminación de bombas por control remoto, Detector de metales, Airbags (de coches)
Alimentación	Horno microondas, Cafetera, Bolsa de té, Alimentos congelados, Bolsa ziploc, Batido Jamba Juice, Comida orgánica
Salud	Maquinilla de afeitar, Cepillo eléctrico, Jabón líquido de baño, Monitor para la detección de azúcar en sangre, Monitor del ritmo cardíaco, Monitores por control remoto
Comunicación	Webcam, Metro, Chat/videoconferencia, Bus reclinable hidráulicamente, Teléfono, Wireless, iPhone, FedEx
Productividad	Máquina fotocopiadora, Cajero automático, Máquina expendedora, Conexiones en comida para recoger en coche, Carros de la compra que funcionan con moneda, PC, Fax
Entretenimiento	Interfaz gráfica de usuario (GUI), Software para lectura de libros, Ratón, Vídeos en streaming, iPod, iTouch, iPhone
Confort	Desodorante, Ordenador portátil, Silla giratoria, Teflón, Toallas de microfibra, Reloj proyectable en pared, Sistema de auto parking

FIGURA 1.2   Categorías de Innovación

Una categoría más –el impulso humano de aprender, descubrir, explorar y el aprovechamiento- se pueden sumar a esta lista. Por ejemplo, nuestras misiones a la luna y Marte, el desarrollo de la física de partículas y la exploración marina son ejemplos de descubrimientos de tesoros o fenómenos naturales para aplicaciones útiles e innovadoras en el futuro.

Dos soluciones para la innovación

El sistema operativo de Microsoft y los productos Office, los iPods y otros productos de Apple, tienen cerca de mil millones de clientes. Los productos de Microsoft para la productividad personal y los iPods para el entretenimiento personal, son buenos ejemplos de fabricación de soluciones creativas en grandes productos innovadores.

El software de Microsoft

Bill Gates y Paul Allen identificaron las dos tecnologías de vanguardia: ALTAIR, el hardware capaz de soportar el lenguaje de programación BASIC; y BASIC, el lenguaje de programación capaz de aprovechar el limitado poder de computación de ALTAIR. La fusión de estas tecnologías de vanguardia sentó las bases que llevaron el poder de las computadoras de los confines de los laboratorios e institutos de investigación al domicilio de la persona común.

¿Qué hace a Microsoft exitoso?

1. En la fase de arranque, Microsoft fue capaz de identificar el valor comercial de la tecnología emergente y el software.
2. Microsoft provocó un cambio de paradigma en el mercado de sistemas operativos cuando introdujo el sistema operativo Windows 95 basado en el interfaz gráfica de usuario (GUI).
3. Microsoft ha hecho grandes inversiones en investigación y desarrollo para crear nuevos avances tecnológicos.
4. Microsoft fue capaz de identificar las necesidades de las empresas y proporcionar el software que permitió a la empresa como entidad optimizar sus procesos.
5. Microsoft ha establecido plataformas como .NET en la que los diseñadores independientes de software pueden desarrollar aplicaciones personalizadas.

Apple iPod

Tony Fadell, ex empleado de General Magic y Phillips, visualizó un pequeño reproductor con un disco duro integrado y ligado a un sistema de distribución de contenidos del cual los usuarios podrían obtener legalmente y descargar música. Fadell se unió a Apple a principios de 2001. Utilizó PortalPlayer como la base del reproductor de Apple. Los primeros iPods utilizaron discos duros Toshiba de cinco gigabytes, que eran del tamaño de un cuarto de dólar, procesadores ARM, un sistema operativo de Pixo, una gran pantalla de alta resolución, una batería de polímero de litio y la característica estética más reconocible del dispositivo–la rueda de desplazamiento.

¿Cómo iPod se convirtió en el popular producto que es actualmente?

El iPod fue capaz de atrapar el mercado de reproductores de música digitales con su diseño e interfaz sencilla y fácil de usar. Un nuevo modelo de iPod (llamado por Apple "generación") se pone a la venta cada año y medio o dos años y goza de una base de clientes ya establecida en los usuarios de su modelo anterior. El iPod ha pasado de ser un simple reproductor de música a un completo dispositivo de entretenimiento portátil, capaz de aprovechar internet para ofrecer contenido de videojuegos. Apple ha lanzado un iPod con pantalla táctil, dando al usuario una forma intuitiva y natural de interactuar con el dispositivo como nunca antes.

¿Qué hizo exitoso al iPod?

1. Simplicidad de diseño y funcionalidad
2. Alta calidad en la experiencia del usuario final
3. Búsqueda continua de innovación
4. Acceso a contenidos de calidad para ser utilizados con el iPod
5. Reingeniería en los procesos de negocio acordes con las necesidades de los usuarios finales
6. Innovación gradual y perfeccionamiento de su forma actual

Liderazgo para la innovación

Cuatro de las habilidades de liderazgo más importantes son la honestidad, conocimiento, visión e integridad. Los líderes en su rol definido deben establecer la visión de ser un elemento de cambio, que no se limita y un futurista. Tener una buena visión requiere de innovación. En términos financieros, la visión debe incluir el logro de un cierto nivel de crecimiento rentable. Esto requiere el uso de la innovación en todos los aspectos. La visión comienza con un compromiso personal para ser creativos y reconocer la creatividad de otros. La creatividad es la manifestación de la mejor intelectualidad de los empleados y su ausencia demuestra el desperdicio de recursos intelectuales. Debemos reconocer que todos el mundo es creativo y puede ser innovador, por lo tanto, seguir adelante, debemos proporcionar una estructura, establecer expectativas, y recompensar a los empleados para la aplicación de la creatividad en sus funciones.

He desarrollado un proceso de tres pasos para aprender a ser creativos, los pasos son:

1. Comprometerse a ser creativo, siempre buscando formas diferentes de hacer las cosas.

2. Empezar a combinar dos o mas elementos o ideas de forma particular.

3. Hacer del paso dos un hábito y aprender a combinar rápidamente.

A nivel de liderazgo, las personas que combinan múltiples enfoques e ideas y ponen en práctica nuevos métodos de liderazgo organizacional a través de la visión a futuro, revitalizarán a los empleados. El desarrollo de una estrategia enfocada en el crecimiento crea diversión en el trabajo; una estrategia centrada en los costos, causa estrés. Si los empleados no se divierten, probablemente no estén haciendo su mejor esfuerzo.

Lo que puede ser innovado está dentro de los terrenos de nuestra especialidad, industria y enfoque de negocio. Recientemente la innovación exitosa debe satisfacer las necesidades obvias u ocultas relativas a seguridad, protección, alimentación, salud, comunicación, productividad, socialización o comodidad. Típicamente las oportunidades de innovación se muestran como conflictos, incoherencias, estrés, inconsistencias, desafíos o el desperdicio de recursos.

A continuación se presentan tres pasos rápidos para determinar lo que una persona puede innovar a nivel individual. La implementación de estos pasos como un conjunto acelerará y maximizará la innovación.

1. Aprender qué es lo que te gusta hacer (es decir, identificar tus habilidades innatas). Si están enterradas demasiado profundo, es posible que se tenga que pensar mucho y reflexionar sobre tu infancia (de regreso hasta los diez años).

2. Buscar continuamente oportunidades de innovación.

3. Aprender qué es lo que los probables usuarios de la innovación les gustaría experimentar. A la gente le encanta pagar más por lo que pueden disfrutar (recordemos el caso del iPod).

Capítulo Dos

Una Estrategiapara el Crecimiento Rentable

En 1999 estaba diversificando mi negocio y salté al vagón de las punto-com con la intención de experimentar en lugar de sólo verlas pasar. El conocimiento que obtuve fue tremendo. Una gran cantidad de aprendizaje se llevó a cabo a un precio muy elevado y en un periodo de tiempo muy corto. Es difícil juzgar si fue la decisión correcta o incorrecta, pero al final, no me arrepiento. Esta es la historia real…

Como estaba emprendiendo un negocio punto-com y recaudando dinero para la empresa, todo mundo hacía preguntas estilo: "¿Cómo vas a hacer dinero? ¿Cuál es el modelo de negocio? ¿Dónde está tu plan de negocio?". Contratamos a un experto redactor de planes de negocio en base a una firme recomendación. Desarrolló un buen plan, pero no pude entenderlo. A pesar de que todos saben que un plan de negocio es sólo un plan, se me dijo, "la falta de planeación es un plan para quebrar".

Tenía un plan de negocio que estaba tratando de presentar a inversionistas potenciales. Sabía cuál sería la pregunta inmediata: "¿Cuándo será rentable su negocio?". Mi dilema era, por un lado, si mostraba beneficios demasiado pronto, mi necesidad de dinero sería cuestionada, mientras que, por otro lado, si mostraba pérdidas, entonces el modelo de negocio no parecería el adecuado. Teniendo en cuenta la tasa de éxito de entre 10 y 20 por ciento para proyectos financiados con capital de riesgo, no estaba convencido de que ellos conocieran algo mejor.

También me di cuenta de que el beneficio y el crecimiento fueron considerados eventos mutuamente excluyentes. Investigué y descubrí que cuando una compañía se está centrando en el crecimiento, por lo general sacrifica beneficios, y cuando el negocio está produciendo dinero en efectivo, no toma en cuenta la inversión en el crecimiento. Una vez más, fusiones y adquisiciones no se consideran estrategias de negocio exitosas para el crecimiento, en base a su pobre tasa de éxito (alrededor del 17 por ciento, como se indicó en el capítulo anterior).

La experiencia anterior me llevó a pensar, ¿por qué no podríamos perseguir ambos, beneficio y crecimiento, simultáneamente? Me preguntaba sobre la estrategia fundamental de una corporación: ¿no es hacer dinero? Hacer dinero fue la estrategia que se predicó en los años ochenta y se practicó religiosamente hasta ahora por la mayoría de las empresas. Al mismo tiempo, compañías con un historial de éxito a largo plazo, tales como Procter & Gamble, han estado practicando una buena estrategia para el beneficio y el crecimiento. Llegué a la conclusión de que la estrategia fundamental para cualquier negocio debe ser para *mantener crecimiento rentable*. El compromiso de crecimiento rentable en lugar de comprometerse con alguno de los dos, beneficio o crecimiento, lleva a diferentes enfoques y tácticas.

Una estrategia es un conjunto de pasos a futuro y en secuencia, para alcanzar los objetivos de desempeño, utilizando los recursos disponibles. Las estrategias deben operar dentro del rango de visión de la empresa. Las tácticas y procedimientos se utilizan para implementar la estrategia fundamental. Las organizaciones tienen múltiples estrategias en las áreas de finanzas, marketing, operación, recursos humanos, control, inversión, mejora y compensaciones, que influyen positivamente en calidad, coste, productividad y moral. Todas las estrategias deben servir a la estrategia principal de lograr un *crecimiento sostenible rentable (CSR)*.

La estrategia de ejecución (EDE) mapa

Una estrategia para el mapa de ejecución (EDE) de una corporación comienza con la estrategia fundamental de un crecimiento sostenible rentable. La estrategia puede ser ejecutada con éxito y alcanzar su pleno potencial a través de cuatro elementos interrelacionados:

1. Mediciones: Business Scorecard
2. Mejora del beneficio: Six Sigma\ Metodología Lean
3. Crecimiento de negocio: Innovación
4. Sustento: Proceso de gestión

FIGURA 2.1   Estrategia de Ejecución (EDE) Mapa

Sin ejecución, una estrategia es superflua. Se convierte en nada más que un cuento de hadas para ser leído. El desarrollo de una gran estrategia es como conducir un coche o volar un avión en tu imaginación. Continuarás hacia adelante, pero nunca llegarás a ninguna parte ya que no hay un movimiento real. Una desconexión entre la estrategia y la ejecución resulta en un esfuerzo descoordinado. Las personas dentro de una organización con tal desconexión, se quedarán sin energía, puesto que el movimiento que están haciendo no tiene un fin real. La estrategia es la guía, y la ejecución es el motor. Es a través de la ejecución de una estrategia bien pensada como los resultados son alcanzados.

Continuando con la analogía del coche, si una empresa está funcionando a toda máquina y tiene un destino interesante y convincente, la habilidad para ejecutar es lo que llevará al éxito a la compañía. La ejecución se presenta en forma de liderazgo, gestión, procesos, entendimiento, medición y el impulso de "arremangarse" y conseguir hacer las cosas "correctas". Utilizando las herramientas de medición de desempeño corporativo tales como Six Sigma Business Scorecard, el movimiento hacia el destino planteado se puede medir en cualquier momento.

La ejecución comienza con un buen conjunto de medidas que garanticen la realización de la estrategia fundamental. Las mediciones con Six Sigma Business Scorecard ayudan a conseguir tanto beneficio como crecimiento, identificando oportunidades operacionales para la mejora del beneficio, así como la búsqueda de innovación para lograr crecimiento. Las oportunidades para mejora en las ganancias son marcadas usando herramientas como Six Sigma y los principios de Lean. El aumento en el crecimiento de los ingresos se logra a través de la institucionalización de los principios de innovación. La innovación empieza con una idea y la excelencia en la gestión de ideas de los empleados, va a asegurar el continuo desarrollo de nuevos productos o servicios. Los pasos para ejecutar una estrategia que logre un crecimiento rentable y sostenible son:

1. Comprometerse con la estrategia fundamental para lograr un crecimiento sostenible rentable (CSR).

2. Utilizar una estrategia para llevar a cabo el mapa de ejecución (CSR).

3. Realizar una evaluación de desfases utilizando Six Sigma Business Scorecard e identificar áreas de oportunidad.

4. Establecer la visión de la organización, creencias, metas e iniciativas (VCMI).

5. Construir un diagrama de flujo de los procesos de negocio, e identificar los procesos críticos y sus medidas de efectividad. Por ejemplo, en un negocio de servicios de ingeniería, la generación de propuestas es un proceso crítico ya que la exactitud de las estimaciones determina los márgenes al finalizar el proyecto.

6. Trazar los elementos de las tarjetas de negocio (business scorecards) a los procesos de negocio.

7. Alinear la organización, establecer responsabilidades para lograr la visión, e implementar Six Sigma Business Scorecard.

8. Medir y resumir los datos, dar a conocer el desempeño y comunicar continuamente las expectativas a todos los empleados.

9. Identificar los elementos de las tarjetas de negocio (business scorecards), así como las áreas de la organización donde sea necesario desarrollar acciones para impactar positivamente rentabilidad y crecimiento.

10. Para mejorar la rentabilidad, utilizar herramientas como la metodología Six Sigma DMAMC (definir, medir, analizar, mejorar y controlar) o los principios de Lean.

11. Para aumentar el crecimiento de los ingresos, hacer hincapié en la creatividad y utilizar la metodología de innovación OEDOC (fijar objetivo, explorar, desarrollar, optimizar y comercializar).

Una cultura innovadora comienza con la excelencia en la gestión de ideas. Encontrar maneras para involucrar intelectualmente a los empleados y animarles a contribuir al desarrollo de nuevos procesos, productos o servicios.

12. Mantener la mejora en el desempeño empresarial a través del modelo 4-P para lograr la excelencia en los procesos (es decir, esforzarse hacia el desempeño del objetivo en los procesos críticos).

La estrategia CSR sirve al propósito corporativo al hacer coincidir los objetivos de negocio con los recursos de la organización. Los elementos de esta estrategia tienen incertidumbres asociadas a ellos. Por ejemplo, predecir la manera en que las personas realizarán una tarea determinada o determinando la respuesta de los clientes a cierto producto o servicio, es complicado. Aún más difícil es predecir la aceptación en el mercado de un determinado producto o servicio ofrecido por una empresa. Esta dificultad, sin embargo, se puede minimizar observando correctamente la innovación empresarial. Por lo tanto, una buena estrategia debe tomar en cuenta los recursos disponibles e impulsar el desempeño corporativo en una dirección prevista a pesar de las incertidumbres. De no tomarse en cuenta, estas incertidumbres pueden causar que las estrategias fallen, como sucede a menudo, al no preverse en la formulación de escenarios.

Todos hemos experimentado -algunos más que otros- el impacto de las reuniones de estrategia de los altos mandos, donde los ejecutivos se aventuran a dar forma al futuro de sus empresas y vuelven con un plan de alto nivel para el porvenir. Sin embargo, el verdadero trabajo comienza con la integración de este plan de reciente creación en el resto de la organización.

Muy parecido al viejo enigma: "¿Qué fue primero: el huevo o la gallina?" una situación similar se presenta aquí, "¿Qué viene primero: estrategia o ejecución?". Si bien la estrategia claramente tiene que conducir la ejecución, muchos sienten que los resultados reales no apoyan este punto de vista. Académicos, autores y líderes empresariales por igual reconocen que las organizaciones pueden tener excelentes planes estratégicos, pero rara vez se ejecutan correctamente.

Alineación organizacional

La capacidad de un individuo para realizar tiene límites, mientras que la capacidad de un equipo para hacerlo, se multiplica. Un equipo hace las cosas de una manera mucho más eficaz que un individuo. En pocas palabras, cuando un equipo está debidamente coordinado, ofrece diferentes puntos de vista, habilidades y energía ilimitada para alcanzar cualquier meta específica.

El reto con un equipo -y se puede extrapolar a toda la organización-, es que, a menos que sus miembros están alineados, su capacidad para lograr el objetivo corre riesgos. Consideremos este ejemplo sobre transporte: un equipo de diez miembros, debe navegar desde Boston, Massachusetts, EE.UU., a Sydney, Australia. ¿De qué manera los miembros del equipo harán esta tarea? ¿Qué obstáculos están en su camino? ¿Qué recursos tienen a su disposición? Diferentes personas dentro del equipo tienen diferentes ideas de cómo hacer el trabajo.

Si el equipo no considera una "verdadera" alineación en cómo llegar allí, los miembros terminarán tomando diferentes medios de transporte. Incluso podrían ir en direcciones totalmente diferentes para llegar a Sydney (algunos irán hacia el oeste, mientras que otros irán hacia el este). Sin ningún tipo de medida (por ejemplo, cuánto tiempo les debería llevar) para guiarlos el equipo puede fallar en su entrega de manera efectiva. Por lo tanto, los miembros del equipo deben estar alineados de la mejor manera para alcanzar la meta.

La "verdadera" alineación es importante, ya que en lo que varios miembros del equipo están de acuerdo durante la planeación, no es siempre la forma en la que se ejecuta el plan después. Las diferencias culturales y las discrepancias con orden pueden causar este desequilibrio, pero suele ser más por la gente que dice una cosa y hace otra, basados principalmente en su propio interés. Al final del día, si el equipo no está alineado en qué hacer y cómo hacerlo, entonces el esfuerzo necesario para realizar el trabajo (si es que se hace en absoluto) será mucho mayor que si se tiene una "verdadera" alineación. Uno puede imaginar a nueve miembros de un equipo de diez personas esperando en Sidney a que el último miembro del equipo aparezca; no tienen ni idea de dónde está o cómo podría llegar. La realidad es que hasta que el último miembro del equipo aparezca, ¡el trabajo no está completo!

Hoja de ruta para el crecimiento rentable

En 2001, Robert Kaplan y David Norton introdujeron mapas de estrategia para establecer la lógica causa-efecto conectando resultados estratégicos con los drivers. En su libro *The Strategy-Focused Organization*, los autores afirman, "una tarjeta balanceada de un mapa de estrategia, es una arquitectura genérica para describir una táctica".

El objetivo fundamental de elaborar diversas estrategias es aumentar el valor para el accionista. Por lo tanto, un mapa para ejecutar una estrategia debe conducir a la consecución del objetivo previsto de crecimiento rentable, cuyo resultado se traduce en mayor valor para el accionista.

La hoja de ruta para un crecimiento rentable comienza con una evaluación del desempeño seguida de una visión corporativa, creencias, metas e iniciativas claras y definidas; alineadas con la estrategia fundamental. Six Sigma y herramientas tipo Lean, se pueden utilizarse intensamente para lograr excelencia en las operaciones y mejorar rendimientos. Las herramientas de innovación de avanzada se pueden utilizar para lograr el crecimiento de los ingresos.

En el caso de Six Sigma, el foco debe estar en su intención, la cual es, acelerar la mejora. El pensamiento estadístico es más importante que el uso de las herramientas estadísticas avanzadas. *Brinnovation* destaca la necesidad de entender la innovación antes de comenzar a medirla. La piedra angular de la innovación es un "individuo en red" con un potencial ilimitado para la innovación. La metodología *Brinnovation* debe asegurar que todas las cinco fases de OEDOC (fijar objetivo, explorar, desarrollar, optimizar y comercializar) se utilicen para acelerar y maximizar la innovación.

El debate sobre una estrategia de crecimiento rentable pone de relieve la necesidad de implementar la estrategia fundamental (CSR) y ejecutarla de manera efectiva. Estos objetivos se logran centrándose en los procesos de negocio con valor añadido y la asignación de responsabilidades claras. El objetivo es elaborar una estrategia más exitosa que la del 10 por cierto reportada.

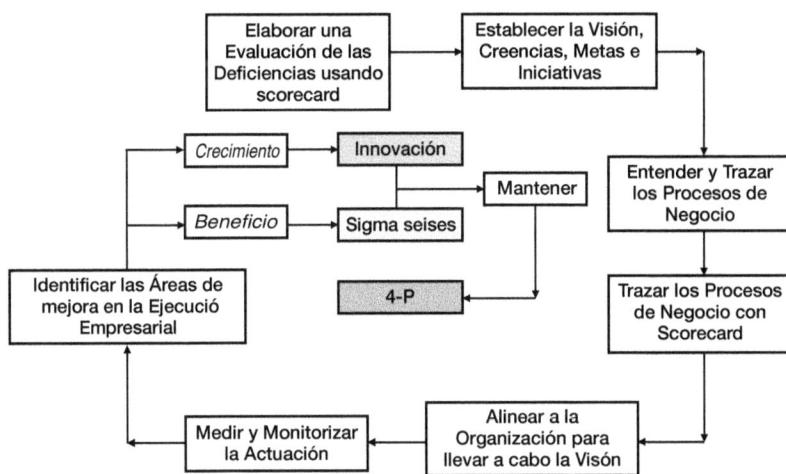

FIGURA 2.2   Hoja de Ruta para el Crecimiento Rentable

CAPÍTULO TRES

Marco de Innovación de Vanguardia

Esforzarse en búsqueda de la inmortalidad o por una cómoda vida lleva al ser humano a innovar en mejores condiciones de vida. Estas innovaciones pueden estar en áreas de los medicamentos, alimentos, herramientas, comunicación o incluso en la astronomía. De forma extrema, el impulso por innovar puede originar desde un temor por la extinción hasta, en un nivel más prosaico, el deseo de hacer la vida más cómoda o libre de sufrimientos.

La innovación exitosa consiste en satisfacer las necesidades humanas que incluyen salud, alimentación, trabajo, comunicación, seguridad y conocimiento. Cualquier medicamento para la longevidad, comida deliciosa para una mejor salud, instrumento para ganar un sueldo, dispositivo de comunicación más rápido, arma para protegerse o método de adquisición de conocimientos para perpetuar el apetito por más, dará lugar a innovaciones con éxito comercial, si son asequibles.

Peter Drucker1 observó que la innovación debe tener un propósito útil y comenzar con un análisis de las oportunidades. En consecuencia, la innovación también debe ser simple y capaz de realizar al menos una tarea específica. Más adelante identifica siete fuentes de innovación que incluyen la genialidad, la explotación de la incongruencia o contradicción, el crecimiento de la demanda, los cambios en la demografía o en percepciones y la creación de nuevos conocimientos. Recientes innovaciones en el conocimiento incluyen casos emblemáticos como la computadora personal, el teléfono móvil, el iPod, lo híbrido, y el internet; innovaciones anteriores incluían el avión, la tecnología inalámbrica, la electricidad, el cemento, la penicilina y así sucesivamente. Finalmente la innovación abarca los descubrimientos en el espacio como nuevos planetas y el desarrollo de nuevos materiales como elementos antes desconocidos como el Uranio. Estas innovaciones universalmente requieren compromiso, trabajo duro y perseverancia.

En las primeras etapas del uso de la electricidad, las empresas solían tener jefes de electricidad; en la era de la información las empresas designaban a los jefes de información; actualmente, en la era del conocimiento, las empresas frecuentemente nombran a los jefes responsables de innovación. La innovación se mueve convirtiéndose en un proceso estándar similar a otras funciones en la empresa, tales como compras, ventas o control de calidad. Convertirse en un proceso establecido implica la ejecución de una tarea establecida; el resultado es predecible en cierta medida; el personal está designado para el proceso. Posee su espacio dentro del organigrama, y en la planta se reserva y etiqueta un espacio.

De la misma forma en que el proceso de innovación se convierte en un proceso establecido, las personas deben designar un espacio particular para la innovación; el personal debe ser asignado para la innovación; un espacio de innovación debe existir en el organigrama y alguien tiene que asumir el papel de jefe de innovación. Algunas empresas ya han nombrado jefes de innovación incluyendo Coca-Cola de los Estados Unidos, DSM de Holanda, el Centro de Ciencias de la Salud en Canadá, Publicis Groupe Media de Francia y Mitsubishi y Hitachi de Japón, comprometiendo su enfoque y recursos hacia la innovación para mantener un crecimiento rentable.

Empresas como 3M, Procter & Gamble, AT&T, IBM, Siemens, Sony, Toshiba, Airbus, Unilever, Ford, GM, Tata, y Birla, han estado innovando durante muchos años. Sin embargo, incluso las grandes empresas se están dando cuenta de que el proceso de innovación utilizado hasta el momento pudiera no ser tan eficaz o competitivo como lo era en el pasado. IBM ofrece innovación por demanda de servicios de consultoría a otras empresas, sin embargo, incluso los expertos de IBM han advertido que su comprensión actual de la innovación necesita mejorar.

En 2004, IBM organizó el Global Innovation Outlook (GIO) que inició un diálogo mundial sobre el aprendizaje y la naturaleza cambiante de la innovación. Entre los participantes había representantes de la academia, el gobierno, organizaciones no gubernamentales, corporaciones, empresas de capital de riesgo, los centros de estudio y diversos expertos.

GIO informaba hasta ese momento que las empresas habían malentendido invención por innovación. Uno de los cambios más evidentes que se ha dado recientemente, es que la innovación está sucediendo mucho más rápido.

Los participantes de GIO por consecuencia reconocieron la necesidad de redefinir la innovación. La opinión por consenso fue: "tenemos que definir la innovación del siglo veintiuno a partir de la intersección de invención y visión: innovamos cuando un nuevo pensamiento, modelo de negocio o servicio realmente modifica a la sociedad". Esta redefinición de innovación demuestra que las empresas deben ajustar su comprensión sobre la innovación en la era del conocimiento.

Al comparar la innovación del siglo XX con la innovación del siglo XXI vemos que en el siglo XX la innovación era un punto fuerte de las grandes corporaciones con enormes recursos para la investigación y el desarrollo. Las empresas más pequeñas seguían su ejemplo mediante el desarrollo de productos derivados. El nuevo conocimiento tenía la protección sobre su reutilización sin compensación alguna. Las grandes empresas crecieron y contrataron a miles de personas. El nivel de vida mejoró y las familias ahorraban dinero. En algún momento, cuando el riesgo era manejable, los emprendedores intentaron algo nuevo relacionado con su trabajo en las grandes empresas y la idea prendió; nuevas empresas se formaron y crecieron para convertirse en grandes corporaciones. Sin embargo, las nuevas grandes empresas no financiaron la investigación básica y el desarrollo al igual que sus predecesores ya que no podían continuar con tales prácticas.

Sin embargo en el siglo XXI la adquisición del conocimiento ha sido descentralizada a través de la invención de Internet. Las personas tienen acceso al conocimiento en cualquier sitio donde haya acceso a internet. Con el internet la antigua concentración y control del conocimiento se ha fragmentado tanto hasta los individuos. Resultando que el rango de innovación está cambiando y las grandes corporaciones no pueden mantener el ritmo. Muchas nuevas empresas ponen en marcha nuevas ideas financiadas con los recursos de empresas de capital riesgo. Entonces las grandes compañías deben reconocer este nuevo modelo de innovación. Algunas grandes firmas como Procter & Gamble, han establecido metas para buscar un cierto porcentaje de innovación más allá de las fronteras de la propia corporación. Esa obtención externa de la innovación es conocida como "innovación abierta".

Una revisión de las innovaciones durante el último siglo, destaca el sorprendente grado de cambio que se ha producido–desde el carromato a las plataformas espaciales, la automatización de la mano de obra, del flujo de material al flujo de información, y de los recursos físicos a los recursos intelectuales. Los recursos físicos incluyen tiempo y material, mientras que los recursos intelectuales implican conocimiento.

La figura 3.1 muestra una comparación de innovación en la era del tiempo y los materiales contra la era del conocimiento en términos de material, máquinas, métodos, personas, habilidades, instrumentos de prueba y medio ambiente.

Recursos Clave	Era de la Física/ Tiempo y Material	Era de la Información/ Conocimiento
Material	Materia prima	Información
Herramientas	Máquinas y herramientas	*Cerebro (para ser entendido)*
Métodos	Procesos Repetibles para el buen entendimiento de las máquinas	*Proceso repetible para ser desarrollado*
Personas	Trabajadores para el esfuerzo físico	Trabajadores que se esfuerzan por pensar
Medio Ambiente	Comodidad para producir bienes	Aprender y crear
Expectativa	Alto volumen de productos reproducibles	Alto volumen de soluciones personalizadas
Medidas	Productividad y Ejecución	Ejecución y productividad

FIGURA 3.1   Eras de la Innovación

Para que el proceso de innovación sea repetible y disponible para cualquier innovador, desde un individuo hasta grandes corporaciones, algunos procesos estándar deben establecerse. A fin de que el proceso de innovación se convierta en repetible, primero debe ser entendido. Para entender el proceso de innovación, debe proponerse un marco básico el cual pueda ser usado para rellenar los huecos, para producir un proceso de innovación repetible. El proceso tiene que funcionar con cualquier persona, ser fácil de entender y suficientemente lógico para que se utilice de manera repetida.

En la era del conocimiento, con acceso a internet, el individuo en red es la piedra angular de la innovación. Como se muestra en la Figura 3.2, ahora un individuo tiene acceso más allá de una red de pocos individuos; en cambio, prácticamente el mundo entero es la red. Una vez que realmente la red se convierte en omnipresente, cualquiera tiene acceso a laboratorios, universidades, expertos, corporaciones, marcas y oficinas de patentes. Este fenómeno ya ha empezado; sin embargo, su impacto total todavía no está determinado.

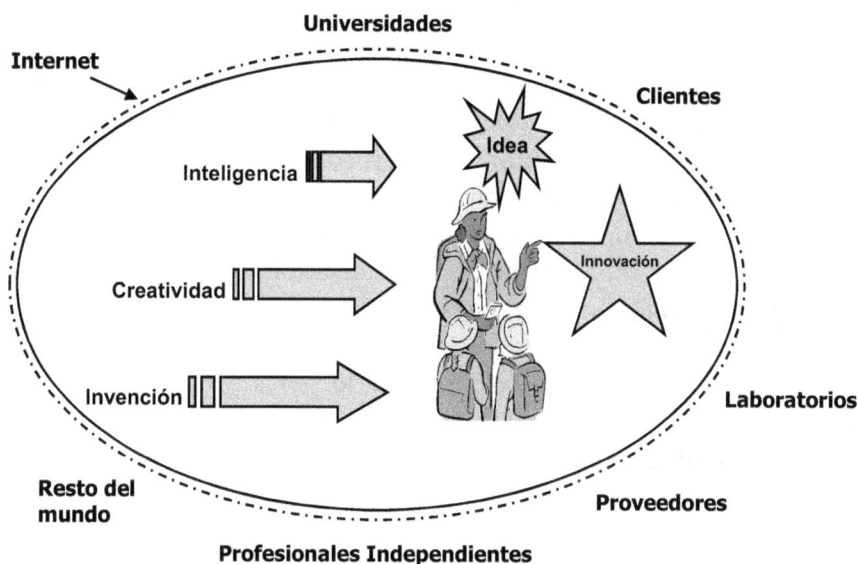

FIGURA 3.2   Piedra Angular de la Innovación

Una vez que la piedra angular de la innovación está establecida, definir el concepto de innovación resulta igualmente importante. Creatividad e innovación son a menudo utilizados por igual; sin embargo, los expertos definen innovación como el proceso a través del cual una idea creativa se aplica para producir valor a la sociedad. Este proceso de innovación va desde la idea hasta la comercialización. Hasta que la idea no se convierte en éxito financiero, esta seguirá siendo simplemente una idea creativa. Una vez que la idea creativa se transforma en éxito, se convierte en un gran avance–una innovación.

En la era del conocimiento era necesario utilizar el proceso tanto de Einstein como de Edison para producir soluciones de conocimiento. Einstein nos ayudó a aprender acerca de la teoría de innovación y Edison nos ayudó a entender la metodología del desarrollo de la solución. Curiosamente Einstein no hizo experimentos físicos mientras que Edison tenía laboratorios y una sala de innovación para los experimentos de desarrollo. Einstein creía que toda innovación era descubierta mientras Edison creía que la innovación podría ser producida sobre pedido. Así la innovación se convierte en el descubrimiento de una solución innovadora sobre pedido; una vez entendido esto, podemos desarrollar un marco de referencia y establecer una metodología.

El pensamiento innovador

La exhibición de Einstein en el Museo de Ciencias de Boston muestra que la mayoría de su trabajo innovador fue publicado en cuatro artículos en 1905. Einstein trató de armar el rompecabezas con varias piezas de la naturaleza las cuales luego intentaría incluir en su infructuoso esfuerzo por desarrollar una teoría unificadora. Incluso con la disponibilidad de varias metodologías de innovación, herramientas y prácticas, un marco de referencia para el pensamiento innovador aún no se había desarrollado. Sin tal marco, la capacidad de predicción de las metodologías y la propiedad del proceso de innovación para aplicarse reiteradamente, no podría ser establecido con certidumbre. He desarrollado un modelo llamado Teoría einsteiniana sobre innovación de Gupta (*Gupta's Einsteinian theory of innovation*, GETI) que proporciona este marco necesario para la innovación. GETI se basa en la famosa ecuación de Einstein, E=mc2, donde E representa la energía, la m es la masa, y c la velocidad de la luz. Esta ecuación define la relación inherente en la conversión entre masa y energía. Toda actividad en la naturaleza es un proceso de conversión. Los seres humanos son también convertidores de energía. Las personas consumen recursos que convierten en energía. La conversión puede ser física o intelectual. La combustión intelectual de energía se produce a través del pensamiento. Cuando una persona está pensando, su habilidad para focalizar o canalizar la energía en una dirección inicia asociando varias experiencias unas con otras y generar pensamientos sobre la base de estas asociaciones es crítico. El pensamiento es continuo; es intencional o accidental. Cuando las personas piensan de forma accidental, sus pensamientos fluyen aleatoriamente; cuando piensan de forma intencional, las personas canalizan su pensamiento en alguna dirección para lograr una respuesta.

Así, la innovación comienza con una idea, la cual es resultado del proceso de pensamiento y debe tener cierta energía asociada a ella. A veces se requiere un montón de energía para pensar en una idea con un fin específico. Las personas, incluso literalmente, se rascan la cabeza para despertar y estimular el pensamiento. Así, toda idea debe tener cierta energía asociada a ella, lo que es resultado del esfuerzo y velocidad del pensamiento.

Todos los descubrimientos ocurren en el cerebro humano. Ciertas partes del cerebro contribuyen al proceso de innovación. El cerebro tiene una corteza constituida por miles de millones de neuronas (células) y trillones de axones (conectores). Las neuronas y los axones forman conexiones llamadas sinapsis. Con semejante cantidad de neuronas y axones, el número de sinapsis posibles es prácticamente infinito. El modo en que el cerebro procesa información de manera continua es comparando la información almacenada y recibida. La velocidad de pensamiento se refiere a cómo de rápido el cerebro puede procesar la información almacenada y recibida, y así generar una idea.

Imagine un parche de corteza consistente en 75 x 30 neuronas, tal como se muestra en la figura 3.3. Con el fin de hacer coincidir el objeto A con el objeto A′, el cerebro puede comparar cada célula a la vez para ver si los objetos coinciden. Tal proceso puede realizar miles de comparaciones. Sin embargo, una mente con experiencia que ha construido anclajes, puede saltar rápidamente del objeto A al objeto A′ y hacer que coincidan. Tal comparación puede tomar cerca de cinco milisegundos. Dicho de otro modo, si el cerebro tiene que hacer miles de comparaciones, le puede llevar horas, pero si el cerebro puede saltar a través de anclajes, puede hacer comparaciones rápidamente.

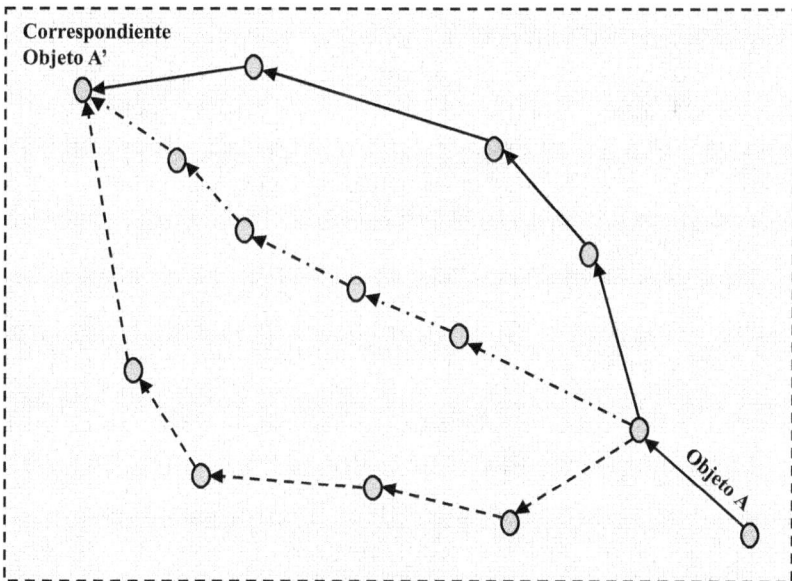

Ejemplo: Muestra de Corteza con 75x30 neuronas ⊙ => Anclaje

FIGURA 3.3   Velocidad de Pensamiento

El número o tiempo de correspondencias puede ser astronómico -prácticamente infinito- si la persona hace comparaciones por célula a la vez. La velocidad de pensamiento, sin embargo, puede ser acelerada instalando anclajes basados en experiencias multidisciplinarias. La velocidad real del cerebro puede ser de una sinapsis por cada cinco milisegundos. Así que, si el cerebro tiene billones de neuronas y trillones de axones, billones de trillones de sinapsis se pueden formar en paralelo en cinco milisegundos. Además, si los anclajes ya existen, la velocidad se incrementa.

En cuanto a su comparación con la velocidad de la luz, la velocidad de pensamiento puede ser mucho más rápida si el anclaje ya está establecido en el cerebro por dos puntos, independientemente de su distancia. Si una persona ha estado en la luna o en algún lugar a años luz de distancia, el cerebro puede ir inmediatamente a ese lugar en su mente. Admirablemente la capacidad del cerebro es prácticamente infinita respecto a observar el universo. En su libro *Brainscapes*, el Dr. Richard Restak, menciona que el número de sinapsis está en torno a las 10^{80} y que el número está concebido para ser igual al número de átomos en el universo. El cerebro puede manejar muchos objetos, ejecutar asociaciones, descubrir cosas nuevas, e innovar.

Así, una innovación es la transformación de un conjunto de ideas en otro juego de ideas más productivas. La velocidad a la cual una persona puede procesar estos pensamientos se convierte en un factor importante en la aceleración o creación de innovación sobre la demanda. Aplicando la ecuación de Einstein al proceso de innovación, uno puede equiparar "E" con la energía (valor) asociada a la innovación, "m" al esfuerzo físico o los recursos asignados a la innovación, y "c" a la velocidad de pensamiento, la cual puede ser más rápida que la velocidad de la luz. Reiterando la ecuación de Einstein con los cambios apropiados, GETI delinea la siguiente relación:

Valor de la Innovación = Recursos x (Velocidad de Pensamiento)²

Donde la velocidad de pensamiento puede ser descrita por la siguiente relación:

Velocidad de Pensamiento ≡ Función (Conocimiento, Juego, Imaginación)

Las unidades del valor de la innovación pueden ser representadas en términos de recursos e ideas sobre la unidad de tiempo, la cual puede ser equiparada a una nueva unidad, Einstein (E), con un valor máximo de 1. Así, el valor de la innovación puede ser incrementado con más recursos o una generación y procesamiento más rápida de ideas. El valor de la innovación se acelera con una óptima utilización de los recursos intelectuales más que la mera asignación de más recursos físicos.

Recursos (R)	Conocimiento (C)	Juego (J)	Imaginación (I)	Valor de la Innovación (VI)	Comentario
Grado de recursos o tiempo dedicado	Extensión del conocimiento basado en la investigación y la experiencia	Porcentaje (%) de las posibles combinaciones de las varias variables exploradas	Dimensión extrapolada como un porcentaje de solución ideal para la mejora avanzada	Nivel de Innovación Estimado	Esto es una estimación inicial del modelo propuesto. Además es requerido el trabajo.
50% (Tiempo limitado y recursos insuficientes)	75% (Conocimiento significativo y experiencia ganada, algún último trabajo para ser explorado	40% (Porcentaje de combinación de las variables exploradas mentalmente, experimentalmente o a través de simulación. Trabajo en progreso)	66% (La dimesión seleccionada se extrapola de tal manera que la mejora se espera que sea en torno al 30%, lo cual es alrededor del 66% de mejora avanzada)	0.182 (Largo camino para encontrar una solución innovadora debido a la falta de esfuerzo y juego. Para acelerar, uno necesita mejorar todos los elementos de innovación)	Valor de la Innovación $= 0.5 \times ((0.75 + 0.4 + 0.66)/3)^2$ $= 0.182$ Einstein

FIGURA 3.4   Uso de GETI para la Evaluación de la Innovación Personal

La Figura 3.4 define varios términos y proporciona un ejemplo de la cuantificación de la innovación personal. En otras palabras, el valor de la innovación es igual a los recursos (compromiso) multiplicado por una función del conocimiento, juego, e imaginación (CJI) al cuadrado. Más que un valor numérico la ecuación identifica los elementos de innovación a fin de maximizar el valor de la innovación. La mayoría de las innovaciones están basadas en la investigación, experimentos recientes y pensamiento innovador. Medir el conocimiento y cuantificar el juego combinatorio es posible, pero intentar medir de la imaginación es difícil por la complejidad de los procesos mentales. Por tanto, la imaginación es transformada en términos cuantificables si entendemos que *la imaginación pura es una extrapolación aleatoria*. Así, la imaginación se convierte en un componente medible por la naturaleza de la extrapolación.

Categorías de innovación

Después de revisar las contribuciones de grandes innovadores como Einstein, Galileo, y Edison, podemos ver que Einstein se involucró mayormente en innovaciones teóricas; Edison innovó soluciones prácticas o de negocio y Galileo hizo una combinación de ambas. El trabajo de Einstein fue fundamental en la naturaleza, mientras que el trabajo de Edison era más tangible. Einstein se condujo mayormente por experimentos teóricos, por ejemplo descifrar las ondas de luz; mientras que Edison llevó a cabo experimentos prácticos en su laboratorio. Entender los tipos de innovación y su relevancia para una empresa, ayuda a establecer las metas apropiadas para la innovación e idear correctamente la medición de la innovación. La innovación sobre demanda puede significar diferentes cosas según los diferentes niveles de innovación. Mirando varios tipos de innovación, podemos clasificar en cuatro categorías, basados en la cantidad de esfuerzo y el componente velocidad de pensamiento. Las cuatro categorías de innovación son las siguientes:

1. Fundamental
2. Plataforma
3. Derivativa
4. Variación

Innovación fundamental es una idea creativa que conduce a una revolución en la forma de pensar. Tal tipo de innovaciones están basadas en una amplia investigación; están fuertemente dirigidas por el conocimiento y teóricamente probadas, conducen al seguimiento de investigación y desarrollo. Tales tipos de innovación suceden con colaboraciones académicas, laboratorios comerciales e incluso corporaciones.

Las innovaciones fundamentales pueden llevar a cambios en la forma de pensar sobre algún aspecto de la existencia humana, ampliar alguna teoría existente o ser conceptos de avanzada y de gran impacto, encaminados tal vez a la evolución de una nueva industria.

De hecho, tales innovaciones contribuyen a la evolución humana. Algunos ejemplos incluyen la teoría de la relatividad de Einstein, los cuantos de luz o los fotones, electricidad, penicilina, teléfono, impresión Xerox, comunicación inalámbrica, el transistor, los programas de computadora, UNIX, internet, el fractal, el efecto Edison y los aviones. La ciencia, normalmente desde el ámbito académico, es un componente importante de la innovación fundamental, la cual la hace disponible para el bien común y por tanto menos protegida comercialmente.

La innovación de plataforma se define como la dirigida a la aplicación práctica de las innovaciones fundamentales. Tales innovaciones normalmente son plataformas de lanzamiento para una nueva industria. Ejemplos de innovaciones de plataforma incluyen las computadoras personales, microchips de silicón, teléfonos móviles, impresoras digitales, tecnología web, Microsoft Windows, bases de datos, CDMA, Linux, dispositivos de administración, satélites, y los transbordadores espaciales.

El componente plataforma incrementa la contribución del laboratorio, o componente de desarrollo, comparado con las innovaciones fundamentales. Las innovaciones de plataforma forman industrias, cambian la forma de vida de las personas y cumplen con el objetivo básico de la innovación que es ayudar a las personas a vivir más y más cómodamente.

La innovación derivativa es un producto o servicio secundario derivado de la innovación de plataforma. Las innovaciones derivativas incluyen una nueva relación cliente-proveedor basadas en la nueva arquitectura de red o sistema operativo para un teléfono móvil, por ejemplo. Las innovaciones derivativas son leves modificaciones del producto principal. En el caso de software como Microsoft, la plataforma es Windows y sus derivados son la nueva versión de Office; para plataformas como CDMA, las innovaciones derivadas son varias características disponibles para proveedores de servicios y para un sistema satélite mayor, las innovaciones derivadas son varias opciones de lanzamiento o capacidades ofrecidas a los usuarios.

La innovación de variación es el nivel terciario de innovación el cual requiere mucho menos tiempo y es una pequeña variante del siguiente nivel de productos o servicios basados en las innovaciones derivativas. Por ejemplo, innovaciones de variación en teléfonos móviles son las carcasas de colores, melodías, particularidades de la cámara y más características opcionales basadas en su programa. En el caso del software de Microsoft, las innovaciones de variación son varias aplicaciones desarrolladas y basadas en la plataforma Microsoft e innovaciones derivativas. Típicamente, la innovación de variación sucede cercana al cliente. Puede ser el mejor candidato para alcanzar la máxima velocidad de innovación o innovación sobre demanda en tiempo real.

Entender los tipos de innovación y su relevancia para una empresa, ayuda a establecer las metas para la innovación de manera apropiada e idear la correcta medición de la innovación. La Figura 3.5, *Atributos de la Innovación*, enlista varios aspectos de la innovación. La innovación sobre demanda puede significar cosas diferentes a diferentes niveles de innovación.

A lo largo del tiempo, las responsabilidades con respecto a dónde asignar recursos y quién puede reposicionar tales recursos, deben quedar claras. Por ejemplo, cambiar los sistemas, las instalaciones para la fabricación de chips y el material básico o la investigación tecnológica, han ido más allá del alcance de las empresas; la colaboración entre unos y otros, o el apoyo del gobierno, tiene que entrar escena para promover la innovación de plataforma o fundamental. Basados en el éxito comercial de una innovación, ésta puede pasar al nivel inmediatamente superior o más alto. Por ejemplo, un teléfono móvil como el *Razor* (Motorola) que se vuelve muy exitoso, puede convertirse en una plataforma por sí misma (en lugar de una innovación derivada de una estrategia mayor). Microsoft Office es una innovación de plataforma basada en su propio éxito.

Muchos productos o aplicaciones adicionales, únicos o de siguiente generación, pueden desarrollarse desde esta plataforma.

Diferentes tipos de innovación se logran con diferentes grados de velocidad de pensamiento. Por ejemplo, una innovación fundamental puede requerir un proceso de mucha más reflexión para llegar a las teorías, conceptos o soluciones sin una mayor experimentación. En la innovación fundamental el conocimiento y la imaginación son componentes clave. Como se mencionó anteriormente, la mayor parte del trabajo de Einstein se concretó en su mente más que en un laboratorio. Él, normalmente dirigió "experimentos de pensamiento".

La innovación de plataforma implica relativamente menos conocimiento e imaginación y más juego o experimentación. La Figura 3.6, *Velocidad de Pensamiento contra Tipo de Innovación*, muestra que la innovación de variación requiere mucho más juego o más esfuerzo de desarrollo que investigación y reflexión. El gráfico ayuda a entender

Tipos de Innovación	Conductores Principales	Aspectos Clave	Entregables	Frecuencia	Tiempo Para Innovar	Propiedad
Fundamental	Universidad/Laboratorios	Ciencia/Conoci-miento	Conceptos/Revelaciones	Raro	Años – Meses	Gov. (s)
Plataforma	Corporativo R&D	Tecnología/Sist. Gran.	Equipamiento/Capacidad	Esporádico	Meses – Semanas	Gov./Empresas
Derivativos	Interno/Externalizado	Aplicación/Sist. Peq.	Producto/Servicio	Regular	Semanas – Días	Empresas/Individuos
Variaciones	Networks/Individuos	Desechable/Ideas	Embalaje/Integración	Continuo	Días – Sobre la demanda	Individuos

FIGURA 3.5 Atributos de Innovación

cómo algunos innovadores se enfocan en un área particular de su trabajo y algunas innovaciones se logran centrándose en el correcto componente de velocidad de pensamiento. En realidad, la velocidad de pensamiento se convierte en la manifestación de la velocidad (o radio) de innovación.

La Figura 3.7, *La extensión de la Innovación*, muestra que las innovaciones fundamentales pueden tomar mucho más tiempo que las innovaciones de variación. Como resultado, se producirán más innovaciones de variación que innovaciones fundamentales. Una innovación fundamental es una rareza, mientras que las innovaciones de variación suceden constantemente.

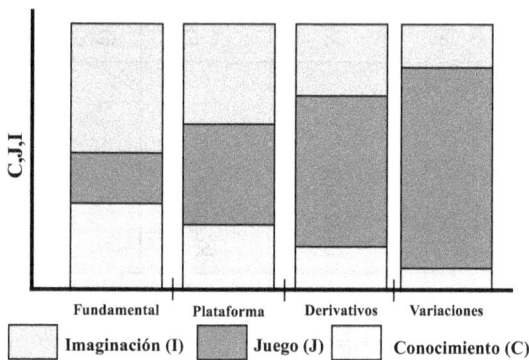

FIGURA 3.6   Velocidad de Pensamiento frente al Tipo de Innovación

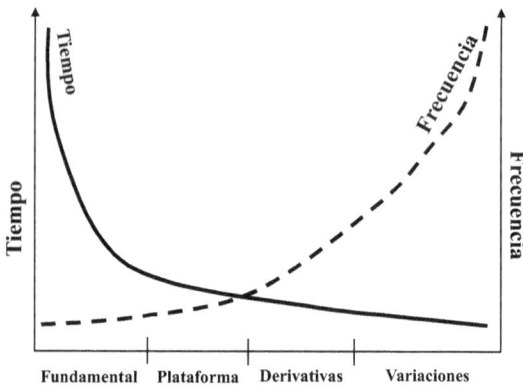

FIGURA 3.7   Grado de Innovación

El proceso de la innovación de vanguardia

La Figura 3.8 representa gráficamente el proceso de innovación, el cual, a primera vista, parece que es lineal. Sin embargo, cualquier paso dentro del proceso lineal lleva anidados rizos o divergencias. Como proceso total, el proceso de innovación debe fluido y mostrarse lineal a fin de mostrar el progreso. Este proceso se basa en el marco de referencia de Brinnovation y está diseñado para producir innovación sobre demanda. En otras palabras, la innovación comienza con la demanda y debe tener un propósito claro.

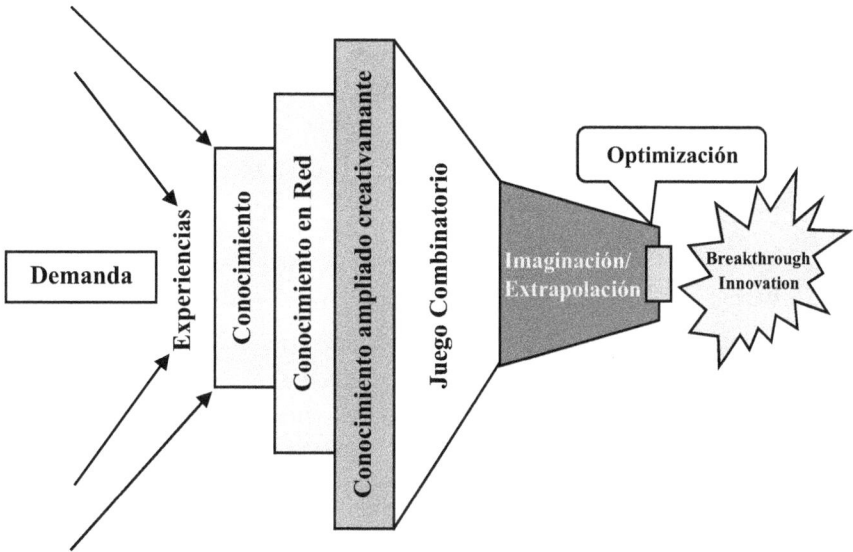

FIGURA 3.8   Metodología Brinnovation™

El primer paso en el proceso de innovación es escuchar los requisitos para la innovación y reunir el conocimiento necesario sobre el tema, esto con el fin de identificar la entrada de información necesaria para la innovación. El individuo en red o el innovador, reúne más conocimiento para lograr un cierto nivel de competencia en el campo, de manera más rápida. En esta fase, el proceso de pensamiento ayuda a identificar la entrada de información apropiada para la solución innovadora pretendida. Este paso es crítico y no se encuentra en los métodos actuales de innovación, donde un innovador busca una solución o el resultado.

Los siguientes pasos resumen el proceso básico de innovación, el cual puede ser usado para materializar soluciones de vanguardia através del pensamiento innovador:

1. Entender la necesidad de innovación y su propósito. Investigar un tema individualmente, colectivamente, y a través de recursos en red para conseguir un entendimiento más profundo sobre la materia. Evitar resolver inmediatamente el problema sin la apropiada investigación y conocimiento.

2. Identificar las variables potenciales que afecten el problema. Hacer una lista tan larga como sea posible y ampliarla usando herramientas de creatividad, tales como comparación de productos, tormenta de ideas, mapas mentales y TRIZ, un acrónimo ruso para la Teoría de la Inventiva para Resolver Problemas.

3. Probar distintos escenarios con el *que tal si…* para aislar las combinaciones únicas e identificar combinaciones de variables posibles. El objetivo es eliminar las variables obvias o no relacionadas y retener las soluciones innovadoras relacionadas.

4. Establecer la dimensión de mejora o la característica de desempeño.

5. Investigar combinaciones posibles que puedan mejorar la característica de desempeño.

6. Extrapolar las dimensiones de interés y validar resultados potenciales.

7. Extender el pensamiento aplicando apropiadamente los principios TRIZ que ayuden a explorar potenciales soluciones innovadoras para generar cambios significativos, distinguiendo así la innovación obvia o perjudicial.

8. Continuar explorando y formulando soluciones alternativas. Elegir una solución que produzca la mejora de vanguardia esperada para la próxima validación, optimización e implementación.

El enfoque Brinnovation para desarrollar una solución innovadora es más sistemático y mucho más rápido que la búsqueda de una solución entre millones de posibilidades. El actual proceso de innovación pareciera ser un arte, un acontecimiento aleatorio o una genialidad debido a la frecuencia con que sucede y al no poder pronosticarlo, esto debido al patrón de búsqueda. Algunas personas que han dominado el proceso de innovación se han convertido en innovadores en serie, mientras que aquellas personas que no entienden el proceso raramente conciben ideas innovadoras.

El proceso de generación de ideas en el entorno actual se centra en ideas sobre las soluciones potenciales para entonces elegir aquella que justifique el uso de recursos para una prueba o novedades. El proceso Brinnovation para la innovación, incorpora un sistema para la creatividad o discrepancia y la convergencia innovadora. El proceso de convergencia planificada o un algoritmo asociado al mismo, puede acelerar el proceso de innovación para que seas capaz de identificar las fuentes causales de innovación. Una vez que se identifican el propósito y las causas de innovación, es cuando se utiliza la extrapolación para alcanzar el grado deseado de innovación.

El proceso actual de imaginar se centra más en aspectos sutiles tales como la visualización, los sueños o el uso subconsciente de la mente. Si una persona es introspectiva, el proceso actual de imaginar puede ser descrito como la habilidad de imaginar varias posibilidades. Con el fin de entender mejor el proceso de imaginar, es necesario mirar su condición limítrofe, la cual es imaginación pura.

La imaginación pura aparenta estar concibiendo pensamientos o posibles soluciones muy al azar para después jugar con ellos en la mente para estirarlos al límite. Ordinariamente cuando las personas imaginan y estiran, tienden a aventurarse a los límites, los cuales están más allá de las necesidades de negocio. Personas imaginando hasta tal extremo a menudo se olvidan y pierden el objetivo primordial de la innovación al igual que su ritmo de pensamiento. Así, la innovación sobre demanda requiere de una imaginación útil. Una imaginación útil es la capacidad de identificar soluciones prácticas y extrapolar la mejor solución en el sentido de la innovación.

Generación de la idea innovadora

Uno de los retos en el desarrollo de soluciones innovadoras es dominar la práctica del pensamiento innovador. Durante muchas tormenta de ideas, la mayoría de ellas parecen estar en la línea de *he estado allí y he hecho eso*, nada nuevo o *siempre lo mismo, nada cambia*. Muchas ideas o programas sugeridos fallan por la trivialidad o la pobreza en el propósito de las ideas. La mayoría de las personas ni siquiera se consideran individuos innovadores; incluso la mente *más tonta* tiene suficientes neuronas y axones para el verdadero pensamiento innovador. Con el fin de estimular el pensamiento del ser humano promedio he desarrollado un proceso que, debido a su simplicidad, puede ser percibido a primera vista como trivial pero de hecho es muy poderoso. En las numerosas sesiones que he dirigido, ha quedado demostrado que este simple proceso funciona.

El primer paso es despejar la mente. Pidiendo a la gente que escriba buenas ideas sobre un tema, sin hablar con otras personas, es una parte importante para lograr este estado. A las personas le encanta este paso; ya tienen un montón de buenas ideas abrumando sus mentes. Una vez que esas ideas son escritas, la mente se abre, los prejuicios quedan fuera y la resistencia baja. Tras la revisión encontraremos que la mayoría de esas ideas son *las de siempre*; son las ideas en las que la gente ya ha pensado y han encontrado que son inútiles.

Teniendo la mente despejada de estas ideas, a las personas se les puede solicitar que escriban ideas disparatadas sobre el mismo tema. Definiendo *disparatado* como estirar la lógica mental reflexionando sobre lo que puede ser hecho al sujeto de innovación hasta su extremo. El hemisferio izquierdo del cerebro generalmente maneja el pensamiento disparatado; estas ideas estiran los niveles de desempeño actuales; a menudo las personas continuarán con el proceso de la *buena idea*; así, muchas de sus disparatadas ideas todavía parecen como *buenas* viejas ideas. Mucha gente realmente lucha para concebir ideas disparatadas.

El siguiente paso es involucrar al hemisferio derecho del cerebro pidiéndole a los participantes escribir ideas *estúpidas*. Ideas *estúpidas* aquí representan lo que la mayoría podría considerar ideas no inteligentes, las cuales realmente no están relacionadas con la materia en cuestión. Los participantes ven la dificultad de concebir ideas estúpidas y aprenden a apreciarlas (ya que realmente son ideas bien pensadas, innovadoras).

El hemisferio derecho del cerebro normalmente dirige el pensamiento espacial, el cual amplía el ámbito de innovación. Este pensamiento representa los aspectos creativos de la innovación. Las personas tienen miedo de pensar así por temor a ser llamados estúpidos. Deben darse cuenta que las ideas estúpidas pueden ser ideas innovadoras, así como puede ser la combinación de variables más inverosímil. En esta etapa, prácticamente todos evitan parecer estúpidos, sin embargo, con la insistencia suficiente, los participantes pueden ser inducidos a generar algunas cuantas ideas. El objetivo aquí es aprender a pensar de manera innovadora utilizando todos los recursos mentales disponibles y ganar velocidad de pensamiento a través de la práctica. Algunas personas son buenas pensando ideas estúpidas, tales individuos tienen un sentido de singularidad y diferenciación.

En este punto las personas han aprendido a aplicar el pensamiento bajo demanda (han desarrollado la flexibilidad de pensamiento). La agilidad mental es fundamental para desarrollar la habilidad de pensar rápidamente ideas innovadoras. El paso final de este proceso es escribir ideas divertidas sobre el sujeto de innovación. Aquí prácticamente todo el mundo se tropieza excepto contadas excepciones. Las personas tienen que pensar profundamente para proponer ideas divertidas. El proceso de innovación parece una improvisación. En esta etapa, las personas están practicando un juego de combinaciones o están libremente tratando de asociar varias cosas que ellos conocen sobre el sujeto de innovación.

Después de revisar varias sesiones en las cuales los participantes aplican el proceso anterior, he descubierto que la generación de ideas lleva tiempo. Generar ideas innovadoras lleva incluso más tiempo que generar buenas ideas. Tal y como muestra la figura 3.9, *El pensamiento innovador*, las ideas divertidas toman el mayor tiempo de todas, pero también son más innovadoras que las buenas ideas.

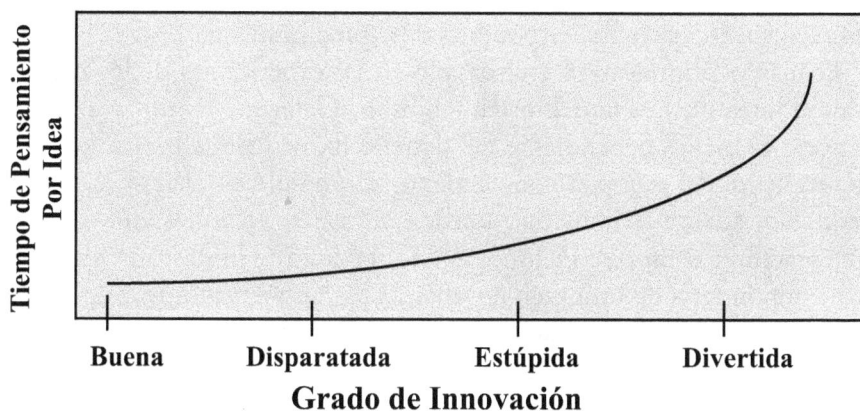

FIGURA 3.9   El pensamiento innovador

Muchos líderes quieren que sus empleados la pasen bien en el trabajo e intentan comunicarles esto. Sin embargo, medir el clima laboral es difícil. El objetivo no es solamente pasarla bien, sino disfrutar de manera productiva. Aprender a proponer ideas divertidas demuestra lo que puede convertirse en una medida de pasarla bien en el trabajo. Pasarla bien significa que los empleados se sientan libres para dar esas ideas sin miedo al ridículo o réplicas. La cantidad de ideas útiles o divertidas son una fantástica medida de pensamiento innovador del capital humano en una organización.

Henry Chesbrough, en su libro *Innovación abierta*, habla acerca del cambio en el paradigma de la innovación desde la estrategia I+D, innovación cerrada hasta innovación abierta. De acuerdo a esto la innovación abierta reconoce el valor creado por la innovación externa a una organización. El modelo de innovación cerrada se centra principalmente en las fuentes internas para la innovación; mientras que el modelo de innovación abierta utiliza los mejores recursos disponibles, independientemente de dónde se originen. En la economía actual las empresas deben desplegar ambos recursos, internos y externos, para acelerar la innovación. La innovación abierta incorpora ideas externas y recursos internos para crear valor.

Brinnovation utiliza la innovación abierta y fuentes externas para conseguir conocimiento e ideas, y las competencias internas para crear valor desde las ideas. Los recursos externos mejoran el componente creativo mediante la investigación en red y el benchmarking; y los recursos internos desarrollan una solución innovadora desde el input resultante. El objetivo de Brinnovation es acelerar la frecuencia de soluciones de avanzada en un entorno de innovación abierta, mientras continúa maximizando el uso de los recursos intelectuales disponibles de capital humano.

El marco Brinnovation está basado en las experiencias de los mejores innovadores, incluyendo Einstein, Edison, Galileo, Newton y Ford. El proceso es menos dependiente del destello individual de un genio y más dependiente del acceso a conocimiento disponible en el trabajo. Como resultado, cualquier individuo puede convertirse en innovador, siempre que practique el proceso de innovación. El marco de innovación identifica los componentes de innovación y mejora la comprensión de las personas sobre el proceso de innovación, el cual, eventualmente dará lugar a un proceso más robusto. El reto es aceptar que todo el mundo puede ser innovador y producir soluciones innovadoras sobre demanda.

Capítulo Cuatro

La Metodología TEDOC

El tema innovación es un tema de discusión frecuente. Está presente prácticamente en cualquier agenda de cualquier director general. La definición de innovación y cómo se distingue de creatividad, metodologías de innovación, medición de la innovación, estrategias de innovación y, por supuesto, tipos de innovación, son todos temas de debate en curso. El primer paso en la búsqueda de la innovación es entender qué tipo de innovación requiere una empresa y cuántos recursos debe comprometer para desarrollar la práctica sistemática de la innovación.

Tipos de innovación

INNOVACIONES BASADAS EN EL RESULTADO

Una categoría común de innovación es la basada en el resultado, la cual se compone de los tipos de innovación incremental, radical y de propósito general. La innovación incremental indica una mejora continua de un producto existente, proceso, servicio o solución. La innovación radical representa el remplazo de una solución existente por otra con un enfoque significativamente diferente (el transistor reemplazando a los tubos de vacío, en electrónica, o el e-mail reemplazando al correo convencional). Una innovación radical causa una ruptura en la actual forma de hacer las cosas. La innovación de propósito general describe innovaciones significativas que fundamentalmente cambian la manera de pensar y hacer. Tales innovaciones tienen un amplio impacto, un gran alcance de mejora y una gama más amplia de usos (el descubrimiento de la electricidad o la teoría de la relatividad de Einstein).

INNOVACIONES BASADAS EN EL PROCESO

Las cuatro categorías de innovación se definen por sus procesos—procesos de mejora continua, revolución de procesos, innovaciones de producto o servicio, e innovaciones estratégicas. Las innovaciones en procesos de mejora continua incluyen metodologías tales como Lean, se centran en innovaciones incrementales. Las revoluciones en el proceso se refieren a la implementación de nueva tecnología, tales como RFID, para una mejora en la productividad de la gestión en la cadena de suministro. Las innovaciones en producto o servicio representan nuevos productos o servicios, tales como el iPhone, sin cambiar los modelos de negocio. Las innovaciones estratégicas incluyen nuevos productos o servicios, pero con nuevos modelos de negocio, tales como los alquileres Segway o las aplicaciones Web.

INNOVACIONES BASADAS EN LAS OPERACIONES

Algunas organizaciones diferencian entre los tipos de innovación basadas en el tema del área. Según Doblin Group, hay cuatro categorías de innovación incluyendo finanzas, procesos, ofertas y entregas. La innovación en finanzas se refiere a los modelos de negocio, red de negocio y alianzas para la innovación, tal como Dell, que está en el negocio de las computadoras personales y gestión de la cadena de suministros. La innovación en el proceso se refiere a autorizar procesos para la innovación, tales como los paquetes de compensaciones y prestaciones en Starbucks o la gestión de inventario en tiempo real en Wal-Mart. Las innovaciones de oferta incluyen mejoras en el desempeño del producto a través de características únicas aplicadas en un automóvil o en Microsoft Office, y servicios adicionales como los vistos en los vuelos de Singapore Airlines. Las innovaciones en las entregas incluyen mejoras en el canal (los productos Martha Stewart), las marcas (iPod) y la experiencia del cliente (Harley Davidson).

INNOVACIONES BASADAS EN EL CAMINO

Los cuatro tipos de innovación basadas en el camino son producto, proceso, posicionamiento y paradigma. Las innovaciones de producto son más evidentes en el mercado de la telefonía móvil, con nuevos teléfonos apareciendo frecuentemente. Las innovaciones de proceso incluyen nuevas metodologías tales como Six Sigma, Lean y TRIZ. Las innovaciones de posicionamiento implican rediseñar el empaque de un producto o servicio y presentarlo de manera novedosa destacando la marca (el incremento de las capacidades de la cámara de los teléfonos móviles podría dar lugar a que se fuesen sacadas al mercado como una marca de cámaras). La innovación en el paradigma representa un cambio en el modo de pensar y hacer. Por ejemplo, las computadoras centrales de finales de 1970 evolucionaron a computadoras personales, un nuevo paradigma en el campo de las computadoras. Hoy en día, los teléfonos móviles están convierto a los teléfonos fijos en obsoletos y los teléfonos por internet están, en algunos casos, remplazando a los teléfonos móviles.

INNOVACIONES BASADAS EN LA JERARQUÍA

Con el fin de elaborar un portafolio de innovaciones—y establecer una fuerte relación causal entre la innovación y los recursos asignados—algunas innovaciones pueden clasificarse de una manera jerárquica. Dependiendo de la responsabilidad principal para la gestión de la innovación y de los pasos clave en el proceso de innovación, son posibles los siguientes tipos de innovación: modelo de negocio, gerencial, proceso, servicio y producto. De estos tipos de innovación el modelo de negocio es el más crítico ya que establece la dirección y enfoque de la organización. La innovación gerencial se refiere a enfoques innovadores en la gestión de personas, tecnología y recursos. La innovación de procesos implica una mejora revolucionaria o reingeniería de una actividad existente. La innovación de servicio significa desarrollar nuevas formas de ofrecer servicios o la creación de nuevos servicios en conjunto. La innovación de producto incluye la creación de productos que ofrezcan nuevas cualidades y generen una significativa rentabilidad.

INNOVACIONES BASADAS EN LA ACTIVIDAD

Mientras todas las clasificaciones previamente definidas tienen sus méritos, fundamentalmente hablando, la innovación es una actividad intelectual. La creatividad es una particular combinación de dos eventos o ideas—la habilidad de descubrir esta combinación única es crucial. La creatividad aplicada es innovación. La amplitud de la creatividad en una organización es controlada por las personas, influenciadas ambas por el entorno y las oportunidades proporcionadas por la dirección de la empresa.

Al revisar las contribuciones de los grandes innovadores Einstein, Galileo y Edison, está claro que Einstein se ocupó en la innovación mayormente teórica, Edison innovó soluciones prácticas o de negocio y Galileo hizo una combinación de ambas. Como he mencionado anteriormente, el trabajo de Einstein se basó mayormente en la naturaleza, mientras que el trabajo de Edison era más tangible; Einstein principalmente dirigía los experimentos con el pensamiento (sobre la onda de luz), mientras Edison dirigía los experimentos en su laboratorio. Observando varias innovaciones basadas en la actividad, podemos clasificarlas en cuatro categorías (tratadas en el capítulo 3) -fundamental, plataforma, derivativa y de variación- basadas en los componentes de cantidad de esfuerzo y en la velocidad de pensamiento (conocimiento, juego e imaginación).

Diferentes tipos de innovaciones se desarrollan según los grados de velocidad de pensamiento. Una innovación fundamental puede requerir un proceso más meditativo, permitiéndole a uno pensar en teorías, conceptos o soluciones sin una significativa experimentación física. En la innovación fundamental, conocimiento e imaginación, son componentes clave (los experimentos de pensamiento de Einstein). Una innovación de plataforma involucra relativamente menos conocimiento e imaginación y más juego y experimentación. Una innovación de variación requiere más juego de lo que requiere una innovación fundamental. Como se mencionó anteriormente, las innovaciones fundamentales pueden llevar mucho más tiempo en desarrollarse que los otros tipos de innovación; como consecuencia, cada vez resultarán más innovaciones de variación y de plataforma que fundamentales.

En búsqueda de la innovación

Una empresa debe estar plenamente consciente del entorno que le rodea y de su propio ecosistema con el fin de identificar las oportunidades para innovar. No solamente realizar un benchmark competitivo, sino también investigar con los clientes si existiesen padecimientos, inconvenientes, un diseño conflictivo y reclamos implícitos o explícitos de nuevas capacidades. Maximizando la utilización de los productos o servicios existentes de una compañía haciéndolos más beneficiosos, menos costosos y más divertidos, es una sencilla forma de iniciar a crear oportunidades de innovación.

La innovación es a veces considerada como glamorosa -en búsqueda de la próxima *gran cosa*. Sin embargo se paraliza al determinar, cuál es la próxima gran cosa, qué se necesita para producirla, y cómo convertirla en un éxito. Con el fin de expandirse hacia futuros productos, una empresa debe primero aprender las tendencias históricas y la evolución de productos similares. Realizando un análisis de regresión, acelerando la tendencia de evolución y ampliando el horizonte, se puede ayudar a identificar nuevas oportunidades para la innovación de avanzada.

Además de ampliar y explorar, alistar las redes establecidas puede generar el potencial para la nueva innovación. La figura 4.1 sirve de guía para el análisis de viabilidad y la planificación de recursos (el presente) para desarrollar soluciones innovadoras (el futuro).

Analizar las oportunidades para innovar ayuda al negocio a identificar, priorizar y maximizar el retorno de la inversión. Este análisis también ayuda a definir los objetivos de la innovación en términos de desempeño, valor, precio, costo, recursos y tiempo.

Tiempo para la Innovación	Alcance de la Innovación	Recuento Estimado	Recursos Requeridos
De este momento a días	Variación	Individuos	Experimentos Prueba y Error Herramientas
Días a semanas	Derivativa	Grupo pequeño (10s)	Conocimiento, pensamiento, simulaciones, ordenadores
Semanas a meses	Plataforma	Grupo Grande (100s)	Experiencia, Pensamiento profundo, Experimentos más grandes, ordenadores más grandes
Meses a años	Fundamental	Grupo más Grande (1000s)	Expertos, Pensadores dedicados, Super-computadores, Teóricos

FIGURA 4.1   Planificación de recursos y Análisis de Factibilidad

Evitar los errores de la innovación

Todos entendemos que hay ideas a montones. No existe la escasez de ideas. Las innovaciones de vanguardia necesitan un gran número de ideas. Por tanto, debe crearse una cultura de innovación continua en la cual las ideas sean sistemáticamente buscadas y gestionadas.

El aspecto más importante al hacer productos innovadores es evitar errores causados por tres factores:

1. La incapacidad de presentar la innovación a usuarios potenciales (es decir, el plan de marketing).

2. Pobre optimización del diseño para producirlo a gran escala.

3. Un insuficiente propuesta de valor para modificar el comportamiento debido a la falta de una idónea innovación.

Estos modos de error pueden ser evitados de la siguiente forma:

1. Desarrollando un plan de comercialización (un plan desarrollado con el apoyo de los recursos necesarios).

2. Planeando la operación para producirlo a gran escala (diseñados para virtualmente perfeccionar la solución).

3. Demostrando la amplitud de la innovación (investigada e ideada con un propósito útil).

Establecer proyectos de innovación

Una vez que las oportunidades están identificadas, analizadas, mejoradas y ponderadas a través de filtros de éxito, los proyectos potenciales deben ser definidos por nuevos desarrollos de producto innovadores. Para prevenir retrasos en el proyecto, una empresa debe desplegar un proceso para la innovación que de alguna manera incluya los siguientes pasos: objetivo, exploración, desarrollo, optimización y comercialización (OEDOC). La comercialización debe ser una fase diferente y necesaria puesto que es la diferencia entre éxito y fracaso, por ejemplo, innovación y creatividad.

Hasta cierto punto, todo el mundo es creativo e innovador pero cuando a la gente se le pide que sea innovadora, se encuentran con que no es fácil producir resultados. OEDOC representa los aspectos clave de una innovación exitosa que uno debe tomar en cuenta para desarrollar habilidades y competencias al innovar sobre demanda para obtener soluciones de vanguardia.

La metodología OEDOC

Objetivo- Una clara necesidad por la innovación basada en el análisis de oportunidades.

Exploración- Investigación, benchmarking y análisis de oportunidades; obtener conocimiento especializado en el tema.

Desarrollo- Soluciones alternativas en la innovación de vanguardia para maximizar los componentes de innovación.

Optimizar- La solución final para la mínima diversificación en las operaciones y entregas.

Comercializar - Acceso rápido al mercado y a los clientes para asegurar márgenes de primera calidad por encima de la rentabilidad del mercado.

OBJETIVO

Definir una oportunidad para la innovación es crítico. Con el fin de desarrollar innovaciones de vanguardia, una empresa necesita saber qué innovar. Para determinar qué innovar deben identificar necesidades existentes. Estas necesidades se encuentran en quejas, problemas persistentes o crónicos, indecisiones, frustraciones, limitaciones técnicas, limitaciones organizacionales y circunstancias de la competencia. Una empresa debe también observar la madurez de su industria, las tendencias en el desempeño de los proveedores, el análisis DAFO (Debilidades, Amenazas, Fortalezas, Oportunidades), el desarrollo de la industria y el mercado disponible.

Una vez que las oportunidades potenciales de innovación son identificadas, el equipo de innovación debe documentar los beneficios clave de la solución que se va innovar y determinar los parámetros clave de su éxito.

EXPLORAR

Una empresa necesita, plena y rápidamente, investigar sus oportunidades para fortalecer sus competencias necesarias. El equipo de innovación debe identificar e investigar las palabras clave asociadas a la oportunidad de innovar, generar nuevas ideas, responder a las preguntas, descubrir nuevas preguntas y producir más ideas nuevas. Estas ideas necesitan entonces ser combinadas, filtradas, analizadas y priorizadas. Son analizadas como inputs para desarrollar una solución; entonces el equipo experimenta con ellas para encontrar soluciones. Las herramientas en esta fase pueden incluir creatividad, investigación, tormenta de ideas, diagramas de afinidad, modo de fallo y análisis de efectos (MFAE) y procesos de pensamiento.

DESARROLLAR

Los innovadores necesitan desarrollar soluciones alternativas que sean significativamente innovadoras. La experiencia muestra que siguiendo la "regla de dos" (que vimos en el capítulo 1) ayuda a hacer más elástica la imaginación de las personas conforme la utilizan. Según la regla de dos, para que una solución sea una innovación de vanguardia, debe afectar el desempeño de las características deseadas por un factor de dos (dividiendo o multiplicando). En otras palabras, si menos es mejor, divídelo (dividido por dos); y si más es mejor, entonces dóblalo (multiplicado por dos). Se espera que el cambio fuerce un enfoque diferente a la posición actual.

El alcance de la innovación depende de los esfuerzos del equipo por innovar (la cantidad de tiempo disponible que se compromete a la innovación pretendida), conocimiento (dominio de la especialidad), habilidad para jugar (experimentación), e imaginación en general (extrapolación para lograr la innovación de vanguardia). Con el fin de crear una propuesta única de venta y salvar barreras o a la competencia, la empresa debe tratar de maximizar la innovación en lugar de simplemente crear una innovación mínima. Las herramientas usadas en esta fase incluyen la competencia necesaria para crear nuevo conocimiento, creatividad para proponer soluciones alternativas, evaluación y métodos analíticos, y las instalaciones para realizar experimentos.

OPTIMIZAR

Muchas grandes innovaciones continúan con éxito marginal y tienen una vida propia limitada debido a sus limitantes financieras y de producción en masa. Por sí solo un gran diseño no proporciona un buen retorno de la inversión en la innovación. La fase de optimización se centra en maximizar el beneficio económico debiera generar la innovación. Para el actual entorno en desarrollo de producto guiado por I+D, la fase de optimización es el paso más importante que falta para asegurar el éxito de un producto.

Debido a la falta de optimización en el diseño o en la(s) fase(s) de preproducción, la operación durante la manufactura padece debido a las restricciones de diseño. Actualmente la mayoría de los diseños son rápidamente verificados en cuanto a su funcionalidad y desempeño, pero solo una limitada muestra sobre las posibles condiciones de proceso durante el ciclo de vida del producto. El prototipo o corrida piloto que parece aceptable, en realidad puede dar lugar a un rehacer continuo y a fallos de campo que deriven en un significativo impacto adverso sobre los márgenes de ganancia. Las herramientas típicamente usadas en esta etapa son la gestión de procesos, software de optimización y las instalaciones para realizar experimentos.

COMERCIALIZAR

Muchos emprendedores e innovadores fallan en esta fase -la solución innovadora existe, pero no hay suficiente gente que la valore y conozca. Sin desarrollo no hay creatividad; sin optimización no hay ganancias; y sin comercialización no hay innovación. La comercialización de una solución convierte la creatividad en innovación. Todo innovador, por tanto, debe aprender el proceso de comercialización y desarrollar el conocimiento necesario para crear valor. En la fase de comercialización el equipo de innovación debe practicar el pensamiento estratégico sobre métodos para establecer el precio de una solución, comunicar una propuesta de valor, marketing viral, planeamiento del negocio y llegar a acuerdos sobre concesión de licencias o la venta de las soluciones de vanguardia.

El gurú de liderazgo Steven Covey dice se debe iniciar una tarea con el fin en mente. En el caso de la innovación, se debe comenzar la innovación con la comercialización en mente. A menudo comercializar es más difícil que descubrir el producto innovador. El ciclo completo de innovación inicia con la identificación de la necesidad por una solución innovadora y termina con la comercialización de la solución innovadora.

Desarrollar la capacidad para innovar sobre demanda hace la fase de comercialización más sencilla, como si la solución innovadora ya hubiera sido vendida. Sin embargo, mejorar el porcentaje de éxito de la innovación impulsada por la demanda, depende de la velocidad de innovación. Una vez que la empresa domina el proceso de innovación, a través de la práctica y el compromiso, puede innovar rápidamente.

Después de que una compañía ha invertido en difundir la innovación a través de la transformación cultural, se deben ejecutar algunas acciones para mantener la cultura de la innovación. Toda empresa debe empezar su jornada de innovación con la finalidad presente en la mente; en este caso, el esfuerzo por mantener la innovación debe ser cuidadosamente planeado y concluido para perpetuar la cultura del rápido desarrollo de nuevos productos o soluciones.

Los siete asesinos de la innovación

El liderazgo corporativo entiende que la innovación es importante para el éxito; los empleados entienden cómo innovar, y la innovación ocurre en toda empresa. Sin embargo, la extensión y grado de innovación han sido insuficientes. Los siete asesinos de la innovación son los siguientes. A continuación enlisto los siete verdugos de la innovación; estos factores son conocidos como supresores de nuestros instintos creativos:

1. Idioma nocivo. Frases tales como *acostumbrado a, lo odio, cállate,* y *por qué* han sido usadas sobre las personas desde su infancia para desalentar el pensamiento innovador. *Acostumbrado a* implica resistencia al cambio; *lo odio* se usa para desmoralizar a una persona; *cállate* es un ataque personal al innovador; y *por qué* puede ser usado para desalentar al innovador a intentar algo nuevo.

2. Exámenes estandarizados. Exámenes tipo SAT y ACT, como pruebas estándar promueven memorizar habilidades para resolver pruebas y no evalúan o fomentan un aprendizaje real. Las personas, de acuerdo a la norma, son exitosas y no tienen motivo para innovar.

3. Educación universitaria y sistemas de evaluación. Muchos cursos universitarios se exponen a multitudes con poca interacción entre estudiante e instructor o estudiante a estudiante; por lo que requiere estándar tareas y promueve la repetición mecánica de información obsoleta. Estos estudiantes son entonces evaluados de acuerdo a su habilidad para resolver los exámenes. Tales prácticas de evaluación pueden hacer la enseñanza más fácil, pero limita el aprendizaje. La enseñanza sin resultados de evaluación es un prerrequisito para la innovación.

4. Pensamiento en grupo. Estudios demuestran que los métodos convencionales de pensamiento en grupo no son adecuados para la innovación. La experiencia indica que de una típica sesión de tormenta de ideas, solamente entre un 20 o 30 por ciento de los asistentes participan activamente, mientras que el 70 u 80 por ciento restante permanece pasivo. En lugar del pensamiento innovador e individual agrupado y una realización en red.

5. Experiencia en la materia. El dominio de una materia plantea un dilema. Por un lado, el experto dominio es un requisito necesario para la innovación; por otro lado, tal maestría tiene un impacto adverso debido al conocimiento asociado; ¡confía en mi, lo sé!

6. Enfoque excesivo. Similar a la maestría, un enfoque excesivo en algo puede limitar la libertad o variedad de pensamiento o experiencia, e inhibir el pensamiento innovador.

7. Empleados demasiado ocupados. La mayoría de las empresas contratan al mejor y más brillante y les dejan poco tiempo para pensar. Los empleados altamente cualificados se mantienen ocupados combatiendo los incendios generados por las decisiones apresuradas del gerente, tales como el lanzamiento de nuevos productos o el envío de productos, bajo un marco de tiempo irreal.

Acelerando la innovación

En la era de la tecnología la información es la materia prima y la inteligencia es ventaja competitiva. Explotar la información para extraer inteligencia única y crear nuevo conocimiento debe convertirse en rutina. El análisis continuo y la interpretación del mercado, el proceso, el producto y la información de negocio, son necesarios para identificar las nuevas áreas de crecimiento en los ingresos e innovación. El liderazgo corporativo debe desarrollar planes para introducir productos innovadores, servicios o soluciones para lograr margen de ganancia y crecimiento de los ingresos. Las expectativas para la introducción de nuevos productos, soluciones y servicios ayudan a crear un programa eficiente y predecible para la innovación. Adherirse a tal programa requiere un proceso que trabaje para la organización y que abarque lo siguiente: liderazgo inspirador, cultura de la creatividad, gestión de la idea, habilidades de ingeniería, herramientas de optimización, capacidad de operaciones, recursos de mercadotecnia y una mente atenta a la economía.

Toda organización es innovadora hasta cierta medida. El reto es innovar mejor y más rápido. Acelerar la innovación requiere formalizar y optimizar el proceso de innovación, el cual solo puede ser alcanzado entendiendo sus componentes, comprometiendo recursos para los varios tipos de innovaciones, y dirigiendo el éxito del proceso de innovación. El liderazgo no debe cuestionar si una innovación funciona; en su lugar debe retar a los miembros de la organización para innovar más.

Consideremos el camino hipotético que conduce al desarrollo del iPod. Las computadoras personales fueron desarrolladas a principios de los ochenta. Los nuevos dispositivos periféricos o las tecnologías derivadas se desarrollaron entonces y se añadieron nuevas capacidades a la computadora, incluyendo el audio. Al mismo tiempo, en la industria musical, el Discman era el último y mayor descubrimiento de su era, pero la pasividad había llegado a los dispositivos de música personales. Surge la tecnología MP3 y los dispositivos que representan la tendencia en la música personal, se desarrollan. Pronto surgen los conflictos. Algunos oportunistas observaron el mercado, reflexionaron sobre sus productos y la computadora y vieron el potencial para cambiar de plan. ¿Por qué no quitarle todo a la computadora, excepto la música, y reducir significativamente su tamaño? Se evaluaron los temas de comercialización, se desarrollaron nuevos métodos de distribución y finalmente se afinó la solución antes de que el iPod tomase el mercado. Para desarrollar dispositivos con el éxito del iPod, el liderazgo corporativo debe perseguir implacablemente la innovación en sus compañías y buscar continuamente nuevas oportunidades. Una "gran" oportunidad solo puede realizarse cuando se trabaja en muchas pequeñas oportunidades. Los nuevos productos, paulatinamente innovados, ayudarán a que los ingresos aumenten gradualmente hasta que el gran avance suceda y un nuevo nivel en las ganancias sea establecido.

Capítulo Cinco
Ejecución de la Innovación

La innovación es la necesidad de mantener una ventaja competitiva. Los clientes cada vez son más exigentes e inquietos. Quieren productos únicos y los quieren ya. En respuesta a esta demanda, empresas como Nokia, Sony, IBM, Apple, 3M y Procter & Gamble han estado innovando por mucho tiempo. Algunas compañías promueven la innovación permitiendo a los empleados gastar el 15 por ciento de su tiempo en proyectos independientes. También pueden comprar innovación o colaborar para la innovación. Históricamente hablando, la mayoría de la innovación es una función de los departamentos de investigación y desarrollo (I+D). Hoy las empresas reconocen que deben aprender un nuevos procesos para innovar con el fin de practicar y producir aún más.

Según una encuesta dirigida por Emily Chasan (2006), los líderes de las corporaciones se esfuerzan por elevar el perfil de la innovación en sus empresas al encontrarse con barreras internas, tales como cultura y clima laboral. Incluso estos líderes buscan innovar sus modelos de negocio para guiar el crecimiento. Uno de cada siete Directores Ejecutivos piensan que I+D interno es una buena fuente de innovación; incluso la mayoría no quiere hacer de la innovación su prioridad más alta debido a que no comprenden el proceso de innovación, tan solo uno de cada cinco ejecutivos en Estados Unidos y la India desean apropiarse de la innovación. Estos líderes reconocen que la medición de la innovación utilizada actualmente no correlaciona fuertemente la línea más alta con la más baja.

En un simposio internacional sobre metodologías de innovación, Eurescom 2002, los retos principales aparentemente fueron la falta de conocimiento sobre técnicas para innovar y la falta del hábito de compartir los resultados de la innovación. Para superar estos retos la sugerencia fue establecer el *Premio Europeo de Innovación* y crear un juego de herramientas de innovación para tener acceso al conocimiento innovador.

Un repaso por la literatura, y algunas otras fuentes, muestra que existen tantas metodologías de innovación como número de usuarios o de organizaciones. Puesto que muchas personas consideran la innovación un arte, todo innovador u organización innovadora desarrolla un enfoque personal al proceso. La mayoría de los enfoques tienen elementos en común, sin embargo, los detalles del proceso y el conocimiento de sus componentes escasea. Actualmente no se ha establecido una fuerte correlación entre los tipos de metodologías y su desempeño. Las preguntas persisten: ¿qué enfoque innovador es una buena metodología? ¿Cual debería ser el criterio para evaluar una metodología de innovación?

Para que seamos capaces de evaluar una metodología ésta debe soportar algunos objetivos teóricos, algunos principios básicos deben respaldar su fundamento y medidas relevantes deben estar presentes para monitorear y mejorar el proceso de innovación en términos de eficiencia y resultado. En otras palabras, debe establecerse un sistema repetible y de mejora continua, que permita la estandarización de la estructura y la disciplina para el proceso de innovación. Tal sistema requiere ser enseñado a los demás, para que todo el mundo entienda claramente la metodología de innovación.

La metodología de la innovación de vanguardia fue formulada basándose en la implementación de sus elementos en varias negocios y el entendimiento lógico de las actividades de innovación. Como se explicó en el capítulo 3, Brinnovation basa sus principios en los siguientes supuestos:

1. Innovación y creatividad son lo mismo cuando se producen en tiempo real sobre demanda.

2. Las soluciones innovadoras pueden ser generadas sobre demanda en una economía del conocimiento.

3. La piedra angular de la innovación es un *individuo en red*; y

4. La innovación es una función de la velocidad de pensamiento.

Todo individuo o grupo de individuos es fundamentalmente una entidad creativa debido a la capacidad colosal del cerebro humano. No hay dos tareas idénticas realizadas por la misma persona. La habilidad para desarrollar una solución creativa sobre demanda es una innovación, ya que está ligada a la creación de valor. En lugar de desarrollar una solución y luego comercializarla, la innovación sobre demanda implica identificar primero una oportunidad y luego inventar una solución para ese problema. Un grupo de individuos pensando independientemente y trabajando juntos es más efectivo que un grupo de personas en una tormenta de ideas (pensando juntas) y trabajando independientemente. Por tanto un grupo de personas por sí mismo no es más innovador; en cambio una red de individuos pensando es más innovador. Tal red permite a los individuos aprender rápidamente, pensar independientemente, colaborar de manera virtual e innovar cuando sea necesario.

Para que los individuos lleguen a ser pensadores activos, necesitan tener una más amplia experiencia y deben ser capaces de practicar experimentos de pensamiento combinatorio. Puesto que los posibles experimentos de pensamiento combinatorio pueden ser numerosos, un pensador activo necesita ser capaz de pensar rápido. La velocidad de pensamiento está afectada por el conocimiento, lo cual nos permite desarrollar accesos directos para priorizar la información y dirigir los experimentos de pensamiento más rápidamente.

Pensar y dirigir los experimentos de pensamiento lleva tiempo. Requiere motivación, aguante y una mente descansada. Entendiendo esto, las corporaciones deben crear un entorno en el que las personas puedan pensar libremente. Uno de los principales inhibidores del pensamiento libre es el miedo, el cual los ejecutivos deben tratar de expulsar de su organización. Expulsar el miedo, sin embargo, no significa la eliminación de responsabilidades o consecuencias.

Muchos negocios inician cuando una persona con una idea innovadora se decide para llevarla a cabo. La diversificación del negocio ayuda a promover el crecimiento. Las empresas experimentan muchos ciclos de subidas y bajadas en su desempeño, incluyendo ciclos de pérdidas y ganancias, crecimiento y contracción, y fusiones y adquisiciones. A través de estos ciclos, las empresas pasan por muchos cambios, los cuales pueden llevarlas a un crecimiento rentable o a un aterrizaje forzoso. El aterrizaje forzoso puede ser atribuido al estilo gerencial, una inesperada erosión del mercado, la pérdida de un gran cliente, el crecimiento con financiación externa, o simplemente a una política de desperdicio debido a la pobre gestión sobre los recursos. El crecimiento rentable, por otro lado, requiere estrategias y soluciones innovadoras.

El anterior modelo de I+D, guiado por el desarrollo de producto o servicio, no puede mantenerse con la demanda del mercado para soluciones innovadoras. La conectividad global, compartir conocimiento, libre comercio y las oportunidades, han cambiado el modelo de negocio anterior; el actual modelo de negocio involucra clientes globales, desarrollo global e innovación global. El pensamiento innovador y la actividad basada en la innovación debe convertirse en rutina. El mercado ahora espera que los empleados produzcan productos o servicios innovadores sobre demanda, con valor y a tiempo. Las innovaciones pueden ir desde una pequeña variante hasta algo fenomenal.

En la actual economía del conocimiento la orientación del negocio está cambiando desde la manufactura a los servicios. Las empresas, tanto manufactureras como de servicios, se preparan aún más para gestionar intangibles mas que gestionar widgets. Los intangibles incluyen gestión del conocimiento e innovación; en un modelo convencional de negocio, la innovación es una función dentro de la comunidad de I+D. El rol de la innovación ha cambiado en la actual economía del conocimiento; la experiencia muestra que actualmente la labor de cada uno de nosotros es innovar en niveles relevantes dentro de una organización. En el ambiente actual la innovación es un herramienta para crear una propuesta única de venta (PUV), la innovación está elevando la barra de la competitividad a niveles más altos.

Fomentar la innovación en la organización

Para lograr un alto desempeño de forma continua, el liderazgo empresarial debe ser consciente del potencial intelectual de los empleados. El compromiso con la innovación en toda la organización va a acelerar su rendimiento, que los empleados colaboren con los ejecutivos en lugar de resistirse a la innovación. Tal interacción organizativa reduce la fricción entre empleados y gestores, revela nuevas oportunidades de innovación, reduce costos y crea un sentimiento de pertenencia entre los empleados.

El compromiso con la continua innovación requiere una buena comprensión de la teoría, práctica y resultados de los métodos de innovación. La aplicación dispersa y exitosa de los métodos de innovación demuestra que el proceso de innovación es más que mera creatividad aleatoria. Como en cualquier otro proceso, uno puede referenciar los mejores innovadores y organizaciones para aprender e innovar. Einstein está reconocido como el mejor pensador, mientras que Edison fue el mejor innovador. Los descubrimientos de Einstein eran más fundamentales, mientras que el trabajo de Edison fue más innovación basada en el producto.

¿Cómo hizo Edison para innovar con tal frecuencia? Él entendió el proceso de innovación, construyó su propio laboratorio en Menlo Park,

New Jersey, y guió sus investigaciones para producir soluciones sobre demanda. Construyó fábricas y productos basado en sus innovaciones y aceleró ese crecimiento en tiempos de guerra. Edison no actuaba como una persona innovadora; en lugar de eso, buscaba oportunidades y producía soluciones innovadoras. Expandía su conocimiento, cambiaba su experiencia de un terreno a otro, e innovaba sobre demanda.

Para institucionalizar la innovación sobre demanda, es importante hacer un contraste entre Einstein y Edison. Einstein dominaba los experimentos mentales y veía cosas donde nadie veía nada, mientras que Edison perfeccionó la innovación de producto para producir soluciones innovadoras sobre demanda, como evidencian el número de patentes (en torno a mil) atribuidas a él. El proceso corporativo para una innovación de vanguardia debe considerar los siguientes aspectos.

Definir innovación

Clayton M. Christensen y Michael R. Raynor en su libro, *La solución del innovador*, hacen hincapié en la innovación sostenible para lograr el crecimiento corporativo del negocio. Una era de éxito con un alto desempeño en la vida de una corporación sucede debido a alguna alteración innovadora. Mantener la innovación requiere no solamente ideas, sino también el paquete de ideas para las oportunidades de crecimiento. Aunque Six Sigma enfatiza la mejora de vanguardia los métodos para producir soluciones de quiebre no han sido desarrollados.

La innovación se define a menudo como ampliable. Cada uno tiene una percepción diferente de innovación y creatividad. El grado de innovación puede ser gradual (lo que implica un cambio pequeño), radical (lo que representa un cambio significativo), o de nuevo propósito (lo que implica un nuevo descubrimiento). Una forma de definir innovación es "hacer las cosas de manera distinta". La pregunta entonces es, cuánto cambio debería crear la innovación. Considerando el proceso de evaluación del cambio, un cambio es estadísticamente significativo cuando excede en al menos 47.5 por ciento en las características ideales. El 47.5 por ciento de cambio corresponde a dos desviaciones estándar del actual proceso de desempeño típico, tal y como se muestra en la figura 5.1. Cuando el cambio en un parámetro es estadísticamente significativo, la probabilidad de que ocurra es pequeña, pero el cambio es una innovación mayor. Por tanto, la innovación ocurre cuando una actividad se lleva a cabo de manera diferente con el fin de crear valor a través de productos, servicios o soluciones.

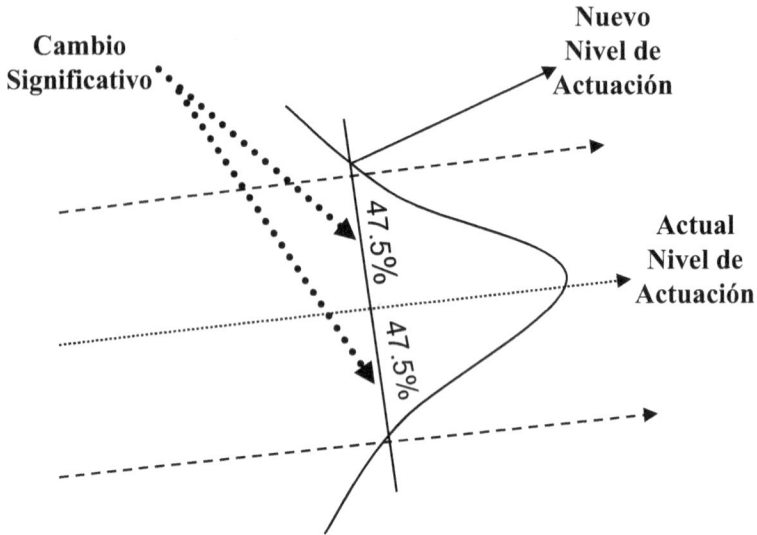

FIGURA 5.1 Soluciones mayores

La innovación ocurre diariamente, tanto desde un simple contenedor Rubbermaid; un iPod de Apple; una potente lap top de Panasonic; algún teléfono móvil de Motorola, Sony, LG o Nokia; una parrilla de Weber; nuevos medicamentos de una compañía farmacéutica; o una impresora de HP, Canon o Xerox. Muchas compañías son innovadoras en serie, mientras que otras son esporádicamente innovadoras. Por tanto, la innovación no es un concepto nuevo, pero tampoco suele ser algo sistemático. Con el fin de acelerar y mantener la innovación y así satisfacer la continua demanda de nuevos productos, servicios, o soluciones, las corporaciones deben reconocer abiertamente las necesidades organizativas y abordarlas. Es necesario reconocer y comprender las fortalezas y debilidades, el liderazgo empresarial para la innovación y un claro vínculo entre innovación y los valores corporativos, así como la estrategia organizacional.

Con el fin de entender las fortalezas y debilidades de una organización, los líderes deben dirigir una evaluación usando herramientas simples como listas de verificación, encuestas, o los análisis de ejecución. El análisis exhaustivo de la empresa debe incluir aspectos sociales, operacionales, financieros, clientes y de liderazgo. Los aspectos sociales pueden estar comprendidos dentro de los valores corporativos, trabajo en equipo y la participación del empleado. La evaluación operativa incluye un énfasis en la creatividad en el proceso de gestión y las actividades diarias, la habilidad para tomar riesgos y un enfoque general en la toma de decisiones. Los aspectos financieros son los recursos comprometidos a las actividades relacionadas con la innovación, entrenamiento, premios, y ganancias generadas de las soluciones innovadoras. Los aspectos de liderazgo son creatividad a nivel de liderazgo, tendencia para los riesgos, reconocimiento para el éxito, entender las fallas de genuina innovación, y la participación entusiasta en la innovación. El objetivo de la evaluación es mostrar cómo puede transformarse en una organización ágil y pensadora. Una organización pensadora es aquella que promueve el aprendizaje de nuevas habilidades, experimentando nuevos campos y aplicando productivamente las lecciones aprendidas para desarrollar soluciones innovadoras.

En una sesión de entrenamiento, las personas siempre buscan un truco, un caso práctico, un programa o una fórmula para aplicar rápidamente y así poder rechazar la herramienta por sus diferencias y dificultades de aplicación. Los métodos aplicados rápidamente no están adecuadamente desarrollados y no producirán los resultados deseados. Esta aplicación mecánica de una técnica se llama pensamiento reproductivo. Por consiguiente, si todo el mundo aprende una técnica para diseñar un producto y la aplica de la misma manera, el resultado esperado también será el mismo.

Todo problema y toda compañía son diferentes. Así que la aplicación de una técnica debe ser adaptada creativamente a la oportunidad que se esté considerando. La figura 5.2 ilustra cómo un problema puede ser resuelto simplemente haciendo algo y cómo muchas ideas creativas poco prácticas pueden ayudar a resolver el problema. "Simplemente haciendo algo" para resolver un problema a menudo conduce a nuevos problemas, sin embargo; mientras que en el caso de usar "ideas imaginativas", no pasa realmente nada. Así, la solución que se necesita para resolver el problema a menudo reside en la aplicación de ideas creativas.

Uno de los retos en las empresas es dejar tiempo para pensar. Como mencioné anteriormente, las empresas a menudo contratan a gente inteligente, los tienen ocupados apagando fuegos y no les dejan tiempo para pensar. La empresa 3M permite a sus empleados pasar el 15% de su tiempo de trabajo en como lo deseen, pensando en algo nuevo, aprendiendo algo nuevo o hacer cualquier cosa que les guste. Con el fin de justificar el tiempo para pensar o invertir en innovación, se deben producir sistemas para pensar como el mostrado en la figura 5.3.

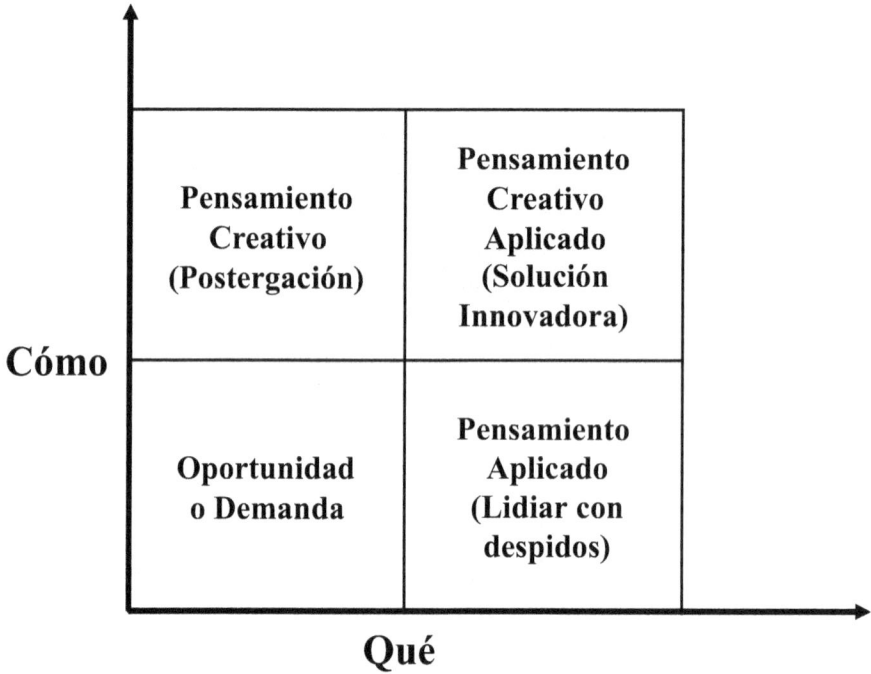

FIGURA 5.2   Tipos de Pensamiento

Como muestra la figura, innovar una solución para una oportunidad a un nivel superior al nivel de sus indicadores es esencial. Por ejemplo, si un departamento está teniendo problemas en un nodo de red, la solución innovadora debería ser implementada un nivel por arriba de ese nodo (por ejemplo, al servidor), de tal modo que todos los nodos se beneficiarían de ello. De manera similar, si se identifica una oportunidad para una solución innovadora, la oportunidad se definiría a un nivel superior. Elevar la oportunidad crea más valor debido a su amplio alcance de aplicación además que justifica los recursos para desarrollar la solución innovadora. Una vez que la solución ha sido desarrollada, entonces puede ser aplicada a situaciones específicas.

Los Sistemas de Pensamiento requieren que el liderazgo corporativo practique el proceso de pensamiento, establezca parámetros para monitorizar el desempeño y promueva la toma de riesgos al desarrollar soluciones innovadoras. En la economía de hoy, la difusión global de oportunidades exige que toda sociedad innove continuamente en su área de destreza con el fin de crear valor. Por la ley de la difusión, la migración de oportunidades de ubicaciones de alto costo a unas de bajo costo ocasionará una frustración en la sociedad.

```
┌─────────────────┐           ┌─────────────────┐
│   Oportunidad   │    ⇨      │   Desarrollar   │
│  Generalizada/  │           │     Solución    │
│    Expandida    │           │   Innovadora    │
└─────────────────┘           └─────────────────┘
         ⇧                             ⇩
┌─────────────────┐           ┌─────────────────┐
│    Búsqueda     │    ⇨      │                 │
│ de Oportunidad  │           │     Aplicar     │
│para la Innovación│           │   Innovación    │
└─────────────────┘           └─────────────────┘
```

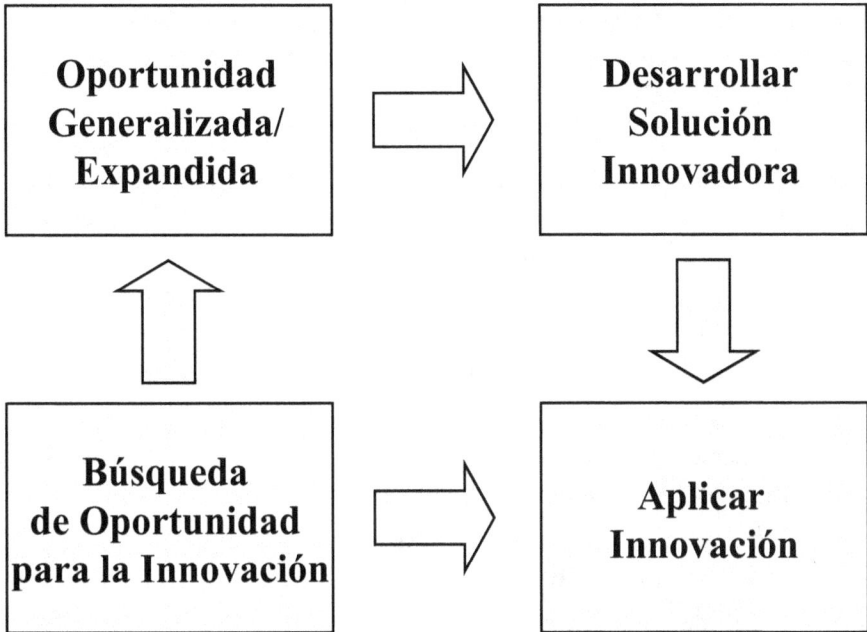

FIGURA 5.3   Sistemas Pensando

Para mantener el liderazgo en el mercado, una compañía debe lanzar un enfoque multifacético para hacer crecer la línea superior así como la línea de fondo. Muchos esfuerzos de mejora para perfeccionar la línea de fondo eventualmente conducen a una disminución del negocio debido a la escasez en las ventas. Los negocios deben desarrollar nuevos productos, servicios y soluciones. La demanda de productos o soluciones innovadoras se ha convertido en norma. Comprometerse con la innovación continua requiere una buena comprensión de la teoría, práctica y resultados de los métodos de innovación. La aplicación generalizada y exitosa de la innovación claramente indica que el proceso de innovación es más que mera creatividad aleatoria.

Una organización que intente institucionalizar la innovación debe determinar la metodología de su elección. Hay tantas metodologías de innovación como consultores de innovación, por lo que las razones para seleccionar una deben estar basadas en una profunda comprensión del proceso de innovación. Algunas metodologías están cargadas en la medición, lo que lleva a un acercamiento a una innovación basada en la cantidad sin resultados predecibles. Una exitosa metodología de innovación debe integrar inspiración desde el liderazgo, involucrar a los empleados y resultados para un mayor valor. Tal metodología incluirá planificación, organización, un proceso, herramientas, medidas, colaboración y celebración.

Construyendo una organización innovadora

PLANIFICACIÓN

El método exacto para implementar los procesos de innovación que generan la innovación sobre demanda, todavía no son bien conocidos. La implementación exitosa requiere entender el proceso de innovación lo suficientemente bien para enseñárselo a otros y multiplicar los recursos. La lista de retos al institucionalizar la innovación puede ser muy extensa. Alguna de las cuestiones comunes son las siguientes:

- Centrarse en exceso en la línea de fondo y la reducción de costos
- Medición equivocada de buen desempeño; por ejemplo, reducción de personal es una medida de la implementación de Lean (una metodología de mejora)
- Falta de atención en el crecimiento de los ingresos a través de productos innovadores, servicios y soluciones
- Falta de una intención estratégica para institucionalizar la innovación
- Comprensión inadecuada del proceso de innovación
- Miedo al error y al castigo
- Sin tiempo ni expectativas para el involucramiento intelectual de los empleados
- Insuficientes incentivos o premios directamente ligados a la innovación
- Pobre desempeño en los sistemas utilizados para evaluar efectivamente las novedades

Considerando estos problemas asociados a la falta de prácticas innovadoras en las corporaciones, es obvio que se debe tomar un enfoque diferente para planificar la institucionalización de la innovación. Con un claro compromiso en los nuevos procesos de innovación, productos o soluciones, el liderazgo corporativo debe desarrollar un plan estratégico. Con el fin de mirar a la innovación como un proceso científico, este plan estratégico debe establecer lo siguiente:

- Compromiso estratégico
- Alineación organizacional
- Medidas de innovación

- Plan para la innovación
  o Cultura de la creatividad
  o Espacio para la innovación
  o Establecimiento de políticas innovativo amigables
  o Comunicación de la innovación
  o Incentivos para la innovación
  o Demanda de innovación
  o Entrenamiento y certificación para la innovación
  o Excelencia en el proceso de gestión de ideas
  o Gestión de la innovación
  o Rápida comercialización de la innovación
- Retorno de la inversión (RDI) en la gestión de la innovación
- Ajuste estratégico

LIDERAZGO PARA LA INNOVACIÓN

Los líderes exitosos reconocen la importancia de la innovación y la necesidad de liderazgo. El líder debe creer y entender el papel que puede jugar la cultura innovadora en el futuro crecimiento de una corporación. Estos líderes consideran la innovación en todas las áreas del negocio y crean una cultura de innovación. Para llevar a una organización a convertirse en una entidad innovadora y de aprendizaje, el clima organizacional debe influenciar los pensamientos, la planificación y las acciones. Por ejemplo, Johnson Controls, una organización que ha durado más de un siglo, reconoce el papel de la innovación (como se indica en sus valores) en cómo responder a las necesidades de sus clientes mediante la mejora y la creación de nuevos y mejores productos.

Para arrancar o mantener la iniciativa de innovación, el líder debe comprometerse a reconocer el involucramiento intelectual de todos los empleados, valorar toda la información disponible y apreciar la evolución de todos los empleados y procesos. El líder de una organización establece las creencias, iniciativas y el ambiente para la innovación. Un liderazgo visionario desarrolla ambos, un significado corporativo de innovación en el contexto organizacional, así como una estrategia corporativa para el aprendizaje y el éxito en la innovación. El liderazgo establece expectativas y reconocimiento a las innovaciones hechas por los empleados en todos los niveles. La estrategia incluye entrenamiento; reconocimiento; expectativas y objetivos de la innovación; el papel de los ejecutivos, gerentes y empleados; aspectos de la propiedad intelectual, y la transformación del producto o servicio desde la propia innovación hasta la comercialización, para comprender los beneficios económicos. Ejecutivos y gerentes pueden dar ejemplo a través de su propio comportamiento, actitudes, pensamiento innovador, acciones y apoyo a la innovación.

Estructura organizativa para la innovación

Con el fin de promover la innovación e integrarla a las actividades diarias, la organización debe crear un modelo de innovación y asignarle recursos para su funcionamiento. En otras palabras, la innovación debe convertirse en un elemento generador de ganancias y flujo de crecimiento. La innovación comienza con ideas, por lo que debe establecerse un mecanismo para generar ideas que provengan de todos los empleados de la organización. El siguiente paso es proporcionar la estructura para revisar las ideas, su relevancia y factibilidad. Cada idea debe recibir su retroalimentación de apoyo. Se debe animar a los empleados a pensar y reflexionar sobre sus experiencias y mirar hacia el futuro buscando nuevas ideas, productos, servicios o soluciones innovadoras. Organizaciones innovadoras o de aprendizaje promueven tener su propia biblioteca donde los empleados puedan navegar con diversos recursos de aprendizaje para recargarse de energía intelectualmente hablando.

FIGURA 5.4 Organización para la innovación

Una estructura organizativa adecuada puede incorporar los elementos que se muestran en la figura 5.4, la cual ilustra que la cultura de la creatividad cultiva ideas -ideas que se convierten en innovaciones, las cuales pueden ser transformadas en productos o servicios para lograr beneficio económico. Aunque desarrollar tal estructura organizativa tiene sentido, muchas organizaciones carecen de esta estructura formal para establecer una cultura de la creatividad, gestión de ideas y liderazgo en la innovación.

Cultura de Innovación

Una cultura de innovación comienza con un conciencia del compromiso de la organización por innovar y un espacio visible para la innovación; como se muestra en la figura 5.5. La disposición típica para una casa incluye una variedad de habitaciones, tales como un estudio, una cocina, dormitorios, baños, una sala, una habitación familiar y un cuarto común para actividades varias. La cocina da a las personas ideas sobre comida. El estudio estimula las ideas sobre el tema de estudio presente. De manera similar, si una organización quiere obtener ideas de sus empleados se necesita crear un ambiente, incluso una sala destinada a ideas creativas.

El ambiente debe ofrecer una apropiada experiencia sensorial y el material para alcanzar el conocimiento en el campo de interés. El liderazgo quiere que los empleados desarrollen reflexiones alimentadas por la observación, una visión aguda para captar detalles, e inspiración para encontrar las vías adecuadas para hacer las cosas de manera diferente. El objetivo es innovar sobre demanda realzando un esfuerzo que dé frutos. En mi análisis del proceso de innovación y su impacto en el cerebro, he encontrado que las siguientes condiciones deben existir para que una organización llegue a ser innovadora:

1. Un ambiente agradable para absorber información.
2. Incentivos efectivos para el aprendizaje y la comprensión.
3. Empleados con buena gestión del tiempo y prácticas saludables.
4. Inspiración para experimentar con nuevos conocimientos.
5. Un lugar para el descanso y tiempo para la reflexión.
6. Valores corporativos y toma de decisiones que apoyen la innovación entre los empleados.

La innovación requiere trabajo. Las personas son innovadora en su campo de experiencia. La innovación crea valor económico y social. Ocurre como resultado de la determinación, enfoque y el trabajo decidido, que demanda persistencia, presteza y compromiso.

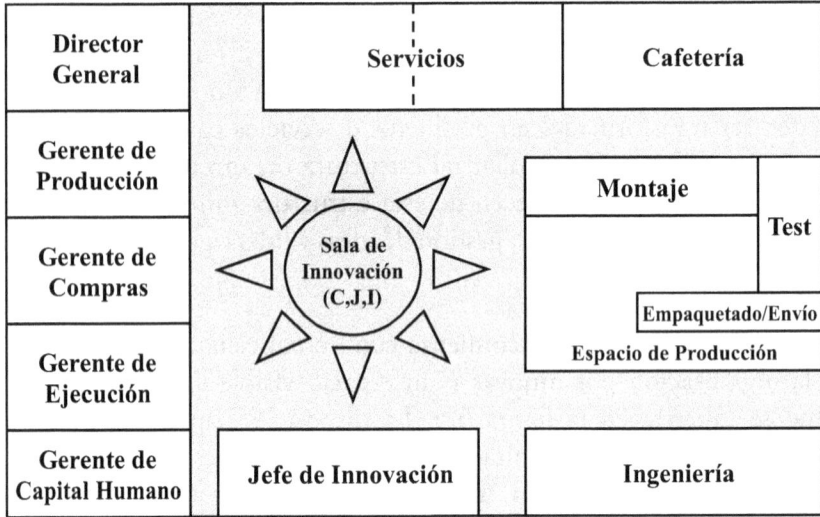

FIGURA 5.5   Sala de Innovación

Proceso para la Innovación

Una empresa es una colección de procesos, incluyendo el proceso de innovación. Por lo tanto aplicando los principios de la gestión de procesos (4Ps -preparar, ejecutar, perfeccionar y progresar) -como se muestra en la figura 5.6- al proceso de innovación, nos ayuda a entender los componentes de la innovación. Como cualquier otro proceso, el proceso de innovación requiere de referencias en términos de herramientas, información, materiales, métodos y gente preparada. Identificar los inputs es importante en términos de creatividad y comprensión para las innovaciones.

La flexibilidad para aprender, experimentar, fallar e innovar dentro de un marco de trabajo definido, es esencial. El proceso de innovación debe incluir personas experimentando gran variedad de situaciones fuera de su norma o zona de confort laboral. Esto les va a permitir crear combinaciones o asociaciones y validar resultados.

El masaje mental de varios conceptos o modelos resulta en ideas prácticas que pueden ayudar a formular productos, procesos o servicios. Al final, todo empleado tiene la responsabilidad de jugar y crear valor a través de la innovación.

Si la innovación no resulta ser práctica o es demasiado costosa para su implementación posterior, no se debe desanimar ni mostrar decepción al autor de la innovación propuesta. El proceso creativo o de innovación debe ser muy divertido en lugar de que las personas estén esperando el resultado para divertirse. Generar un producto o servicio verdaderamente innovador requiere muchas ideas. Por tanto el rol creativo es una necesidad, la generación de ideas es un imperativo, y participar en la innovación es responsabilidad primordial de cada empleado; consigo mismo, con la organización, y con la sociedad. Incluso si las ideas no se convierten en productos o servicios, es necesario que las personas continúen jugando. La persistencia y perseverancia eventualmente llevarán a la innovación sobre demanda.

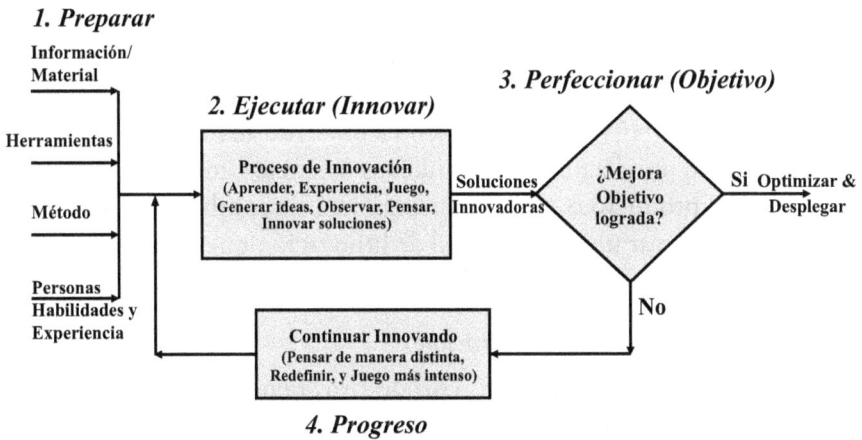

1. Preparar

Información/
Material

3. Perfeccionar (Objetivo)

Herramientas

2. Ejecutar (Innovar)

Método

| Proceso de Innovación (Aprender, Experiencia, Juego, Generar ideas, Observar, Pensar, Innovar soluciones) |

Soluciones
Innovadoras

¿Mejora Objetivo lograda?

Si Optimizar & Desplegar

Personas
Habilidades y
Experiencia

Continuar Innovando (Pensar de manera distinta, Redefinir, y Juego más intenso)

No

4. Progreso

FIGURA 5.6   Proceso para la Innovación

Medir la Ivnnovación

Debido a que la innovación es un proceso pobremente definido, es difícil de medir. La innovación es a menudo medida en términos de ideas generadas, patentes registradas, premios de ingeniería obtenidos, nuevos productos lanzados, ingresos procedentes de nuevos productos, número de personas dedicadas a la innovación, u horas asignadas a la innovación. Para ser efectivos las medidas deben ser establecidas según las necesidades de la organización en cuestión. El propósito de las medidas debe ser evaluar el papel de la innovación en el crecimiento de una corporación. El Six Sigma Business Scorecard identifica un conjunto de medidas relacionadas con el crecimiento y la rentabilidad. Innovación es un aspecto crítico del Six Sigma Business Scorecard. Las diez medidas utilizadas para determinar el índice de desempeño de una empresa (IDE) son las siguientes:

1. Reconocimiento a los empleados por parte del Director General
2. Rentabilidad
3. Grado de mejora
4. Recomendaciones de los empleados

5. Relación Compras ($) / Ventas ($)
6. Calidad de los proveedores
7. Sigma Operacional
8. Oportuno
9. Relación nuevo negocio / Ventas
10. Satisfacción del cliente

Las medidas 1, 4, y 9 se relacionan con la innovación en la organización. El Director General distingue a un empleado con base en las soluciones innovadoras que generen un impacto significativo y visible en el desempeño corporativo. Las recomendaciones de los empleados miden el compromiso intelectual; y los nuevos negocios miden el resultado financiero del producto o servicio innovador. Una combinación de las tres medidas puede crear un índice inicial de innovación que tenga un impacto significativamente positivo en el desempeño corporativo.

Entrenar a los empleados en innovación

Cualquier gran transformación corporativa tiene que iniciar con la educación para asegurar su aprendizaje, consistencia, productividad y resultados. El objetivo del entrenamiento es ayudar a las personas a familiarizarse con el proceso de innovación, acentuar sus capacidades, y dirigir su creatividad en la dirección de las metas corporativas. El entrenamiento en innovación debe incluir la comprensión de los aspectos de la innovación y requiere que los empleados se familiaricen con sus componentes; es decir, conocimiento, juego e imaginación.

El entrenamiento para la innovación debe incluir experiencia práctica en investigación y juego; con combinaciones de componentes de la solución innovadora, y la exposición a un ambiente adecuado para imaginar nuevas soluciones. El entrenamiento puede consistir en llevar a las personas a un entorno planeado, darles los objetivos por aprender y darles rienda suelta. Independientemente del método de innovación elegido para entrenarse, la corporación debe establecer las metas que se quieren alcanzar con el entrenamiento y medir la efectividad del entrenamiento en cuanto a número de innovaciones, grado de innovación e impacto financiero.

Distinciones y premios

Si las iniciativas de innovación se mantendrán, depende del éxito continuo de las actividades, la emoción por hacer el trabajo innovador y la inclusión de todos. Así como se establecen las expectativas de innovación en distintas funciones, el liderazgo debe verificar el desempeño frente a esas expectativas y hacer los ajustes apropiados. Si una organización se compromete a innovar como un componente clave de su estrategia de negocio, debe asegurarse que las diferentes fases del proceso de innovación son ejecutadas de manera excelente.

Con el fin de promover la innovación, reconocer los éxitos en la innovación es crítico. La difusión del éxito es tan importante como entender los fallos. En una corporación, cuando la creatividad, la innovación y la toma de riesgo se convierten en principios básicos, deben existir medidas para reconocer y premiar a los innovadores. La distinción puede ser tan simple como una nota diciendo "gracias", algún reconocimiento público en un banquete, o un anuncio en el periódico local. Cada éxito es reconocido de manera diferente -a veces con incentivos financieros y otras veces con notas personales.

Independientemente del valor o tipo de reconocimiento, reconocer una acción específica o un resultado creativo o innovador es esencial. Puede ser a cualquier nivel -a nivel de la idea, a nivel de la solución, o a nivel del área de desempeño. Los incentivos deben ser entregados por presentar una idea sobre la mejora de un proceso o producto, por escribir y publicar un artículo en una revista o en publicaciones especializadas, por obtener una patente, por completar exitosamente la evaluación de un nuevo producto o concepto, por proporcionar nuevas ideas sobre las actividades diarias, por participar en un proyecto mayor de ingeniería, o por transformar una innovación en un producto o servicio comercial. Al final, la innovación debe ser una experiencia fortalecedora, gratificante y enriquecedora para todos los involucrados.

Lanzamiento de una iniciativa de innovación

La innovación se inicia con la participación intelectual de los empleados a través de sus ideas. El proceso de obtener las sugerencias de los empleados, ideas, o recomendaciones existe desde hace mucho tiempo. Sin embargo, su implementación efectiva y los grados de éxito están lejos de ser satisfactorios por muchas razones incluyendo la poca comprensión del valor y la importancia de la innovación para el crecimiento corporativo y la rentabilidad, así como la carencia de un proceso establecido para la gestión de la idea.

Así como compras, ventas, producción o procesos de calidad, la innovación debe convertirse en un proceso estándar dentro de una corporación. Primero, el liderazgo debe estar comprometido a implementar el proceso de innovación para que sea exitoso. Después, una política de innovación debe ser definida, establecer las expectativas, los recursos asignados y poner en práctica las medidas para monitorear el valor de la innovación. Entonces, la innovación debe ser incorporada dentro del plan de negocio y presupuestar actividades con el fin de que llegue a ser visible en el radar gerencial.

El primer paso para la creación de pensamiento innovador en una organización es establecer un buen programa de gestión de ideas. Un programa de gestión de ideas de alta calidad crea una impresión positiva y duradera sobre los empleados debido a su sinceridad, seguimiento continuo y reconocimiento del éxito. El propósito, alcance, responsabilidad, propiedad, herramientas y procedimientos para el proceso de gestión de ideas, también necesitan ser establecidos. En ese sentido el método para manejar ideas inaceptables o no tan buenas, puede definirse claramente y documentarse; y la conversión de buenas ideas en valor económico viable será una meta realista. Esto debe lograrse a través del entrenamiento, la comunicación y de otros procesos de negocio. Un programa ideas no se trata de quejas, críticas a la gestión o enfrentarse con enemigos del entorno de trabajo. La gestión de ideas se trata de contribuir al éxito de los empleados logrando mejoras.

Todo empleado en una corporación es capaz de ser innovador. Todo el mundo se siente orgulloso de algo que él o ella han alcanzado. Sacar de cada persona la habilidad para alcanzar una mejora significativa requiere de expectativas, las cuales el líder debe señalar y hacer todos los esfuerzos para establecer. La participación intelectual de los empleados debe convertirse en el mantra del líder. Todo líder exitoso ven potencial en sus empleados y lo capitaliza para alcanzar el desarrollo sostenible.

Capítulo Seis

Gestión de la Innovación

La práctica de la innovación es explícitamente una iniciativa estratégica para algunas empresas, mientras para otras, esta práctica está implícita. El reto de una estrategia para la innovación surge de la carencia de comprensión del proceso. Una vez que el proceso es entendido, tal y como se ha descrito en capítulos anteriores, es posible crear una estrategia y generar un plan para su ejecución.

El desempeño de la estrategia de innovación puede ser evaluado mediante el uso de medidas a través de la cadena de suministro y acelerado basándose en las oportunidades de mejora de la mencionada cadena. Hasta este punto, la innovación ha sido una actividad de I+D ineficiente cuyo rendimiento no se ha cuantificado y con resultados impredecibles (e incluso con una correlación negativa información - recursos). Teniendo un marco claramente definido en términos de recursos, conocimiento, juego e imaginación, los líderes pueden definir el proceso de innovación, establecer una estrategia para el crecimiento a través de nuevos productos y servicios con cierta confianza y medir el éxito del proceso.

Con el fin de lanzar la iniciativa sobre innovación, el mapa de innovación debe entenderse y adoptarse. La figura 6.1, *Mapa de Innovación*, muestra que la innovación empieza en la parte superior, donde el líder se compromete con un crecimiento rentable sostenible en lugar de simplemente "hacer dinero". Los líderes que se guían por el crecimiento están interesados en la innovación. Las organizaciones pueden lograr un crecimiento sostenible si crean una oficina de crecimiento, que estará dirigida por un líder de innovación. El propósito de esta oficina es asegurar el crecimiento continuo a través de la innovación.

Una vez que la responsabilidad de la innovación ha sido claramente asignada, el buen entendimiento del proceso de innovación ayudará a poderlo realizar. Una vez más, los cuatro componentes de un buen proceso de innovación son recursos, conocimiento, juego e imaginación. Sin recursos, la innovación no es posible. Innovar requiere de inversión financiera e intelectual. Una vez que los recursos son otorgados, las ideas para la innovación son gestionadas y comercializadas según sea necesario para conseguir un retorno significativo de esa inversión. El proceso continúa, de la comercialización regresando hasta los conceptos que mantienen y aceleran la innovación.

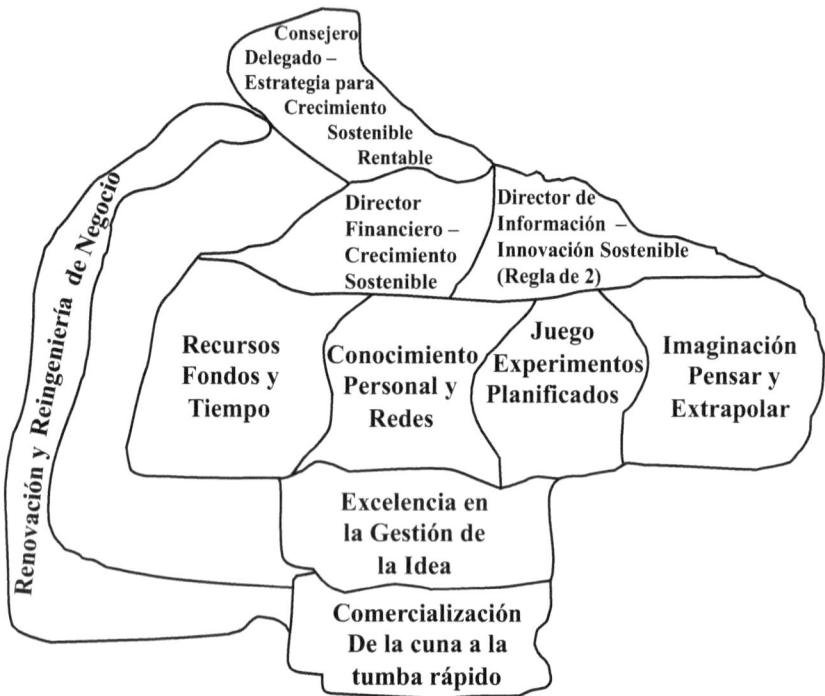

FIGURA 6.1   Mapa de Innovación

Recursos para la innovación

La asignación de recursos para apoyar el compromiso con la innovación es una primera acción crucial si una organización quiere ejecutar bien la estrategia. Los recursos pueden ser tanto financieros como capital humano. La adecuada utilización del capital humano ofrece muchas oportunidades para acelerar la innovación de nuevos productos y servicios. Por supuesto, el capital humano es el resultado de la inversión financiera en los empleados.

Con el fin de hacer crecer el capital humano, una corporación debe desarrollar tácticas para invertir en los empleados a través del entrenamiento y la vivencia de experiencias en varios aspectos del negocio.

El capital humano basado en su potencial intelectual es uno de los recursos más subutilizados. Dado que existen tantas oportunidades, cualquier mejora en su uso tendrá un impacto significativo en el resultado final. Si la utilización promedio del cerebro humano se duplicase, pasando del 5 al 10 por ciento, el mundo sería un lugar muy distinto. Tal escenario resultaría en un flujo continuo de nuevos productos o servicios. La innovación sobre demanda y la *personalización en masa* para los clientes se convertiría en el nuevo status quo. Cuando se produce el cambio de utilizar principalmente recursos mecánicos a utilizar principalmente los intelectuales, nada volverá a ser estándar; este el impacto de tal cambio.

El capital financiero sigue jugando el papel de proporcionar apoyo a la estrategia de innovación. Las organizaciones deben invertir en la mejora de instalaciones y políticas para crear el ambiente adecuado para la creatividad, una sala de innovación o un espacio físico para experimentos, y el tiempo suficiente para reflexionar y profundizar sobre los recursos mentales disponibles. A las organizaciones les gusta contratar a la mejor gente en todas las funciones y mantenerlas ocupadas yendo de aquí para allá. Como resultado no se sienten cómodos sentados en sus oficinas pensando, porque alguien, incluido un supervisor, puede pensar que no están haciendo ningún trabajo. A los directores les encanta ver a personas altamente inteligentes ir de aquí para allá, pero rara vez les dejan tiempo para usar sus cerebros.

Una inversión en innovación debe ser algo similar a lo otorgado por 3M, 15 por ciento del tiempo para pensar, crear o aprender, sin responsabilidad ninguna. Establecer una sala de innovación es una inversión adicional que ofrece infraestructura y recursos para un rápido aprendizaje, tal como una biblioteca con material de investigación, software para la gestión del conocimiento, un laboratorio para la experimentación, los recursos para el benchmarking y un espacio libre para el pensamiento creativo sin ninguna distracción. Los recursos adicionales pueden ser requeridos para adquirir nueva tecnología relacionada o herramientas para desplegar la capacidad organizativa hacia nuevos dominios.

Estructura de la organización

Llama la atención que toda organización tiene un Director General (CEO), un Director de Operaciones (COO), un Director Financiero (CFO) o sus equivalentes. Algunas organizaciones tienen un Director de Tecnología (CTO) para guiar el desarrollo de nuevos productos. Por otro lado la atención de los ejecutivos mayormente se centra en gestionar las percepciones de los accionistas sobre la organización así como el desempeño operativo mediante la reducción de costos presionando a los proveedores y cuidando los centavos. Se centran demasiado en el beneficio y no lo suficiente en el crecimiento. El dinero se destina a recortar costos -algunas veces más de lo que se destina al desarrollo de nuevos productos y servicios. El trabajo de los empleados, a largo plazo, depende del desarrollo de futuras oportunidades manteniendo la excelencia en el portafolio.

Algo típico del departamento de I+D, es que la mayoría de los recursos son gastados en desarrollo y una pequeña parte se gasta en investigación. Como resultado el desempeño del producto es marginal y su producción es altamente cuestionable. Los nuevos diseños se envían rápidamente desde el departamento de ingeniería de diseño al departamento de desarrollo del producto y adiós. El departamento de producción paga por diseños cuestionables ya que resultan de una escasa investigación y minuciosidad en la fase de diseño.

Una de las razones para un desempeño marginal en la fabricación es la carencia de objetivos definidos para varios parámetros. La excelencia en fabricación es imposible sin objetivos específicos. En ausencia de éstos, el producto se construye según con las limitantes de la especificación y esto lleva a un rendimiento marginal.

Las organizaciones deben ser realineadas para la innovación y la excelencia. Sin excelencia las innovaciones serán desaprovechadas en un ambiente de rendimiento marginal. Con operaciones de excelencia la innovación puede acelerarse gracias a una rápida y precisa retroalimentación desde la experimentación. Para crear una estructura para el arranque y el sustento de la iniciativa de innovación las organizaciones deben tener un director o líder de innovación quien claramente pueda transmitir el sentido económico a la función del diseño y establecer metas y procesos para aprovechar al máximo el capital humano.

Toda innovación inicia con una idea en la mente de alguna persona; por tanto la excelencia en la gestión de las ideas es un primer y crítico paso para construir una organización innovadora. El proceso de gestión debe ser estandarizado; todo empleado debe contribuir con ideas para crear valor a nivel de actividad, proceso y producto. Una idea al trimestre por empleado, es una meta razonable para comenzar y sobre la cual empezar a construir. Eventualmente el flujo continuo de ideas por parte de los empleados encaminadas al desarrollo de nuevos productos o servicios y en respuesta a la demanda por parte de los clientes o del mercado, debería convertirse en el estatus quo.

Comunicando el mensaje de innovación

Otro aspecto importante para ejecutar efectivamente la estrategia de innovación es la historia. El liderazgo debe desarrollar un mensaje coherente que demuestre la necesidad de innovación continua, los beneficios de la innovación y las consecuencias de no innovar lo suficiente para mantenerse al día con la demanda del cliente. La consistencia y constancia en el mensaje son críticas para generar el interés del empleado en la organización, minimizar conflictos y alinear los recursos organizativos hacia la meta común. Típicamente la historia puede incluir una búsqueda desde el estudio de posicionamiento, identificando oportunidades para ganar participación de mercado y mejorar, o incluso crear un mensaje para alcanzar los objetivos fundamentales del negocio.

En muchas compañías el mensaje de innovación es sutil y se transmite a través de las acciones de personas en puestos ejecutivos. Por ejemplo, Steve Jobs en Apple conduce y exige innovación. En Google el ambiente de trabajo, también conocido como Googleplex, se compromete con la innovación y la mejora del "gran" desempeño que promueve la innovación. Googleplex cuenta con una decoración única en el lobby y vestíbulo, grupos de oficinas, espacios de recreación, una cafetería, una sala de refrigerios y perros para propiciar el pensamiento libre. Todo esto combinado con el objetivo de desarrollar productos innovadores relacionados a búsquedas, que promuevan la innovación continua.

El famoso *15 por ciento de la inversión en tiempo "fuera de la contabilidad" a utilizar por los empleados* es una manera fabulosa de comunicar el compromiso con la innovación.

Incentivos y controles

A nivel personal, los incentivos han jugado un papel importante en mi deseo de hacer las cosas de manera diferente en el transcurso de mi carrera. Los premios Silver Quill en Motorola, que se otorgan por artículos publicados, me retaron a escribir mi primer artículo. Aparte de pagar cien dólares por página publicada, la empresa también alentó a escribir más para fomentar la continuidad de los premios. Además, la presentación de cualquier solicitud de patente en Motorola resultó en al menos trescientos dólares desde principios hasta mediados de los años ochenta, y la cuantía de la recompensa seguía creciendo mientras la solicitud avanzaba en su proceso de registro. En ambos casos los empleados fueron recompensados por empezar a hacer las cosas de manera diferente.

Una vez que las personas prueban el sabor de hacer las cosas de manera diferente, resulta difícil pararlo. Tener el proceso de innovación en la cabeza, muestra que un incentivo personal para el aprendizaje puede ser mucho más efectivo que el simple incentivo de lograr un resultado más innovador. Acelerar la innovación se complica sin el aprendizaje de varias materias. Por tanto, los incentivos para el aprendizaje deben establecerse.

Algo interesante sucede en tiempos difíciles y es que los incentivos para el aprendizaje son lo primero en marcharse en muchas compañías, lo cual solo resalta los problemas operacionales que llevan a problemas empresariales. ¿Te imaginas hacer cambiar o crecer una empresa sin ofrecer la educación necesaria para los empleados y sin tener a la innovación en su lugar? Este escenario ciertamente suena como una receta para desmantelar el negocio, enfocándose en la reducción de costos y el crecimiento negativo de los ingresos.

Cultura y cambio

Cultura y cambio son dos aspectos borrosos de un negocio. Cultura se refiere a cómo interactuamos con los demás y cómo tomamos decisiones. En la vida diaria, estos dos factores dependen de los valores de la corporación; por lo tanto definir los valores corporativos que se pueden mantener bajo circunstancias extremas, es imperativo. Una metodología puede llegar a ser una estrategia; una estrategia puede transformarse en valores corporativos y los nuevos valores pueden convertirse en la cultura. Así que una vez que la estrategia de innovación empieza a ser implementada, basada en su éxito y en la institucionalización generalizada, puede convertirse en un valor corporativo y dar como resultado que los empleados de todos los niveles hagan las cosas de manera diferente. Una vez que todo el mundo acepta y practica el valor, simplemente harán las cosas de forma distinta. Así, la estrategia de innovación puede llegar a ser parte de la cultura corporativa.

Uno de los temas principales dentro del ámbito del liderazgo corporativo es el cambio. En uno de sus seminarios, Tom Peters preguntó, ¿Cuánto tiempo le toma a una persona cambiar su mente? Habló sobre gestionar la resistencia al cambio, cómo el liderazgo gradualmente se escalona en nuevas prácticas y la implementación se fragmenta a causa de la resistencia. Entonces, respondió a su propia pregunta; dijo que la misma gente que se resiste en el trabajo, en realidad cambia en casa todo el tiempo cuando es necesario. Cuando las personas hacen las cosas de una forma y se les pide cambiar su conducta, la resistencia se producirá debido a la eterna pregunta sin respuesta, *¿Por qué debo cambiar?*

Las personas cambiarán en poco tiempo si entienden por qué deben adoptar las nuevas prácticas y cómo se beneficiarán de los cambios. Para promover el cambio los líderes deben asegurarse de que los empleados puedan ver los beneficios de la innovación a través de incentivos y reconocimientos. En cualquier caso la respuesta a la pregunta de Tom Peters es *un momento*. Una vez que la decisión está tomada el cambio mental se produce y la puesta en práctica le sigue.

La figura 6.2 *Matriz de Pensamiento Innovador* muestra varios aspectos de una organización que impactan en la mente de dicha organización una vez que la decisión de institucionalizar la innovación está tomada. Como se informó anteriormente un individuo puede cambiar su mentalidad en cualquier momento; sin embargo, en un grupo de empleados, personas distintas eligen momentos distintos para tomar una decisión. Si el líder comunica la estrategia, los papeles de los empleados, las prácticas esperadas y el resultado deseado, más empleados tomarán la decisión de aceptar la iniciativa de innovación más rápidamente. Entonces el líder debe predicar con el ejemplo y fomentar las prácticas de innovación mientras que toma decisiones.

El propósito principal de la empresa es hacer dinero, pero uno puede hacer dinero de muchas formas, legal e ilegalmente. Así el propósito de un negocio debe estar claramente establecido. Una buena definición de este propósito es *proporcionar valor a los clientes haciendo las cosas eficientemente y de forma correcta y generar dinero por ello*. Los clientes pagan por ese valor. Una empresa no puede hacer dinero a menos que el cliente pague. La capitalización bursátil del negocio depende de la ejecución a largo plazo de la estrategia. Cualquier cambio a corto plazo en el valor de las acciones con un propósito cortoplacista puede, en el mejor de los casos, ser considerado una manipulación. Tal manipulación no es el propósito de una empresa.

Una de las decisiones del líder que guía la innovación en una empresa es la de establecer metas agresivas para la mejora y el cambio continuo o la renovación. La definición de *agresivo* puede entenderse como la cantidad o rango de cambio que fuerza a uno a pensar y actuar de manera diferente. Por ejemplo si uno decide hacer un 10 por ciento más de dinero a nivel personal, podría pensar en ciertas actividades incrementales ya sea trabajando más horas o consiguiendo un bono. Sin embargo, si uno decide ganar un 50 por ciento más que en años anteriores, debería reflexionarlo seriamente y hacerse preguntas como, ¿Qué más puedo hacer? El nivel de cambio que nos fuerza a *actuar de forma diferente* más allá de nuestro nivel de comodidad se etiqueta como *agresivo*. La agresividad no es un castillo en el aire. En su lugar, la agresividad significa extender la capacidad, los recursos y la mentalidad.

Aspectos de Negocio	Pensamiento Convencional	Pensamiento Innovador
Propósito de la empresa	Hacer dinero	Crear valor, y hacer dinero
Demanda del cliente	Satisfacción	Ver como una oportunidad mayor
Liderazgo	Gestionar los beneficios trimestrales	Guiar para montar un negocio
Toma de decisiones	Reacción para reparar	Responder para solucionar sistemáticamente
Establecimiento de metas	Facilidad para lograr las metas a corto plazo	Desafiar las metas a largo plazo
Análisis de Mercado	Conocimiento externo limitado	Benchmarking extenso
Dirección	Aleatorio y personal	Guiados por la visión y los valores
Crecimiento Rentable	Beneficio o crecimiento	Beneficio optimizado y crecimiento
Valores Organizativos	Competitivo y negativo	Colaborador y positivo
Aprendizaje de los Empleados	Contratación y obsoleta cualificación de los empleados	Construir y renovar las habilidades de los empleados
Innovación	Flash de un genio	Habilidades aprendidas
Mejora	Incremental	Agresivo
Método de Innovación	Tormenta de Ideas	Proceso bien definido
Innovadores	Selección de unos pocos	Todo el mundo
Recursos para la Innovación	Asignación esporádicamente	Inversión continua
Piedra Angular de la Innovación	Grupos de gente	Network individual

FIGURA 6.2   Pensamiento Innovador

Identificación de los vacíos

Para lanzar la iniciativa de la innovación, se comienza entendiendo las prácticas actuales. El objetivo es identificar las fortalezas y debilidades, construir sobre las fortalezas, y trabajar en las áreas de debilidad. Estos pasos dirigen hacia un plan de acción que permite a la organización avanzar. Muchas organizaciones ya tienen matrices de diagnóstico y herramientas de evaluación. Sin embargo, su adecuación es a veces cuestionable debido a la carencia de un marco para el proceso de innovación.

Habiendo definido el proceso de innovación en capítulos anteriores, es más fácil evaluar y establecer una base para los elementos del proceso de innovación. Así la evaluación incluye preguntas sobre estrategia, liderazgo, proceso de ingreso, actividades del proceso, proceso de salida y mediciones de innovación. En la fase temprana, uno necesita resaltar las áreas críticas que deban cambiar con el fin de lograr una organización amigable con la innovación.

Para evaluar cada aspecto de una organización, uno puede simplemente asignar una porcentaje de puntuación basado en el enfoque aplicable, despliegue y resultados (ver figura 6.3). Por ejemplo, al evaluar el compromiso estratégico para el crecimiento por medio de la innovación, uno puede buscar objetivos claramente definidos y documentados, su institucionalización a través de tácticas y procesos, y resultados en términos de interés ininterrumpido por parte del líder en el crecimiento a través de los ingresos. Considerando estos tres elementos y colocando la misma importancia en cada parámetro, uno puede asignar un porcentaje de puntuación.

En cuanto a las pautas de clasificación, uno puede considerar una puntuación de 0 a 20 como específica, de 21 a 40 como marginal, de 41 a 60 como practicada esporádicamente, de 61 a 80 como práctica estandarizada, y de 81 a 100 como logrados los resultados deseados. Mientras se evalúa la actuación de la organización, uno no necesita tirarse de los pelos para determinar la puntuación absoluta. Más bien, el objetivo es ver la importancia relativa con el fin de iniciar la acción para empezar a hacer progreso. Por propósitos de benchmarking, la media general puede ser calculada para evaluar el progreso futuro.

Para las pautas de clasificación uno puede considerar una puntuación de 0 a 20 como para una sola ocasión, de 21 a 40 como marginal, de 41 a 60 como practicada esporádicamente, de 61 a 80 como práctica estandarizada, y de 81 a 100 como logrados los resultados deseados. Mientras se evalúa

Item#	Aspectos de Innovación	Puntuación (%)
1	Se ha establecido un compromiso estratégico para impulsar el crecimiento a través de la innovación.	
2	Se ha asignado un ejecutivo a tiempo completo para llevar la innovación.	
3	Se ha ejecutado una estrategia para acelerar la innovación.	
4	Se han comprometido recursos suficientes para apoyar las actividades de innovación.	
5	Se han establecido los objetivos departamentales para desarrollar soluciones innovadoras a nivel de proceso.	
6	La dirección ha establecido un prestigioso premio por una solución innovadora que crea un valor excepcional.	
7	La dirección entiende el proceso de innovación, y promueve activamente la toma de riesgos y hacer las cosas de manera diferente.	
8	Se ha establecido un proceso para lograr la excelencia en la gestión de ideas de los empleados.	
9	A todos los empleados se les ha dado acceso a Internet para realizar investigaciones en tiempo real.	
10	Los empleados son alentados a rotar entre los distintos departamentos.	
11	La empresa posee una biblioteca de industria en sus propias instalaciones y libros y revistas relacionados, y tiene acceso a los servicios de investigación en red.	
12	El aprendizaje continuo es recompensado a todos los niveles,y se deja tiempo para aprender.	
13	Hay una instalación para los empleados expresamente dedicada a reuniones de tormenta de ideas, jugar o experimentar para poner a prueba sus ideas.	
14	Los empleados son alentados a "pensar" en nuevas ideas para la mejora de procesos, productos y servicios.	
15	Se han establecido las medidas relacionadas con el reconocimiento por parte del Consejero Delegado, las ideas de los empleados, y los ingresos por nuevas ofertas.	
16	Los empleados son libres de dar ideas divertidas, y no tienen miedo al fracaso.	
	Media =	
Leyenda	0 − 20 = Especifica; 21 − 40 = Marginal; 41 − 60 = Practicada; 61− 80 = Estandarizada; 81 − 100 = Provada	

FIGURA 6.3   Diagnósticos de Innovación

el desempeño de la organización, uno no necesita dividir hasta la mínima parte para determinar la puntuación absoluta; más bien el objetivo es observar el significado relativo con el fin de iniciar acciones para progresar. El promedio general puede ser calculado para evaluar progresos futuros, esto, con propósitos de comparación (benchmarking).

En alguna ocasión, un presidente quiso tener una iniciativa tal como *hacer dinero y pasarla bien.* Una vez que la iniciativa se implementó, calcular cuánto dinero se generó fue fácil, pero medir cuánta diversión tuvieron los empleados mientras trabajaban en la organización fue imposible. Mientras creaba un proceso para desarrollar ideas innovadoras más rápidamente, el notó que cuando las personas piensan sus ideas en términos de bueno, loco, estúpido y divertido (como se describió en capítulos anteriores) éstas ideas llegan a ser más innovadoras; más importante aún, una forma de medir la diversión evolucionó.

Así, una forma de saber cuándo los empleados se divierten mientras trabajan en una compañía, es medir cuántas ideas divertidas están produciendo o qué tan libremente presentan ideas divertidas y sin miedo. Cuando los empleados se divierten pueden decir abiertamente todo lo que piensan sobre cómo mejorar el desempeño de la compañía, ninguna idea se desalienta. Siendo una compañía innovadora, necesitas todas las divertidas ideas que los empleados puedan proponer para mejorar o desarrollar productos o servicios.

Liderazgo innovador

El éxito de una nueva estrategia, sin cuestionar su formulación, depende de cuánto entusiasmo ponga el líder para defenderla. La innovación ha sido usada tanto como un valor corporativo como una estrategia para facilitar los cambios de rumbo. En cualquier caso, el Director General o ejecutivo debe creer en el resultado deseado; impulsar exitosamente a la organización dándole una dirección, recursos y apoyo; así como continuamente alentar a los empleados a través de retroalimentación oportuna y seguimiento.

En muchas organizaciones el líder se centra en las ganancias e inicia medidas de recorte de costos, lo cual puede ser necesario en el corto plazo para una empresa que lucha por mantenerse a flote; sin embargo, haciendo eso, el líder actúa en contra del pensamiento innovador. El éxito comienza con un pensamiento en la mente del líder y se logra a través de las cualidades del liderazgo. La figura 6. 4 organiza varias características del liderazgo según el proceso de innovación y enumera los enfoques correspondientes a un líder de innovación. Las personas hacen lo que sus líderes hacen, no lo que éstos les piden. Los líderes exitosos muestran estos comportamientos y así sirven de ejemplo para los demás.

RASGOS DE LIDERAZGO	LÍDER INNOVADOR
Aprendizaje	Lee mucho sobre gran variedad de materias; interactúa con los grupos de comunidad, empleados, clientes, y proveedores
Escuchar	Escucha bien todas las ideas entre el alboroto, y también el alboroto de ideas
Estilo personal	Toma riesgos y ejecuta bien las tareas
Interacción con los empleados	Alienta a hacer las cosas de otra manera mejor
Interacción con los clientes	Escucha sus necesidades, y acepta los retos
Interacción con los proveedores	Exige la asociación para soluciones innovadoras
Interacción con los accionistas	Busca apoyo para la ejecución a largo plazo
Dar feedback	Recompensa los éxitos, entiende los fracasos, e impulsa los experimentos
Comportamiento	Se presenta a si mismo como positivamente entusiasta, energetico, y una persona ejemplar

FIGURA 6.4   Liderazgo Innovador

Lograr que una estrategia de innovación funcione

Lawrence G. Hrebiniak, en su libro *Lograr que una Estrategia funcione* proporciona un patrón para la guiar la ejecución eficaz y el cambio. Según Hrebiniak y la metodología usada para proyectos Seis Sigma, uno puede establecer las siguientes tácticas para la ejecución exitosa de la estrategia de innovación.

- Definir un manifiesto claro con análisis de costos y beneficios
- Identificar a los accionistas y utilizar su influencia
- Alinear la estructura organizativa
- Desarrollar una hoja de ruta con las responsabilidades claramente definidas
- Coordinar las tareas y compartir la información de manera frecuente
- Apoyar y reforzar la ejecución

- Gestionar el cambio y la cultura
- Establecer un proceso para mantener la innovación
- Premiar el éxito e inspirar la excelencia
- Aprender y ajustar la estrategia

Se ha escrito mucho sobre la ejecución de la estrategia, sin embargo el éxito depende de este último factor: el deseo de la dirección de hacer que la estrategia funcione. Si un líder se compromete a hacer de la innovación una parte integral de hacer negocio, esto ocurrirá, de otra forma la innovación no se producirá.

Capítulo Siete

Rendimiento de la Innovación

La mayoría de los estudios muestran que establecer una correlación entre innovación y desempeño corporativo es desafiante; aun peor, las encuestas a los Directores Generales encuentran una relación adversa entre la inversión en innovación y desempeño corporativo. La existencia de tales situaciones y semejante percepción por parte de los ejecutivos pueden ser un factor que contribuye a la confusión respecto al tema de innovación, así como por la falta de compromiso con una innovación sistemática. La mejor manera de mantener la innovación es asegurándose de que existe rentabilidad en ella.

Intención de innovación

Muchas empresas consideran el crecimiento en los ingresos como el rendimiento de la innovación; muchas veces el crecimiento en los ingresos no se traduce en más dinero para la organización –así que no hay rendimiento por la innovación. Aunque el crecimiento de los ingresos reflejará de alguna manera el papel de la innovación en una empresa, esto no dice nada acerca de la efectividad de la innovación. Para asegurar el rendimiento de la innovación, el crecimiento en las ganancias debe estar garantizado. Los productos innovadores no sólo proporcionan más oportunidades de crecimiento en los ingresos, también permiten lograr mejores márgenes en las ventas.

La innovación puede tener múltiples niveles de impacto en el desempeño corporativo y puede ser analizada en las siguientes categorías:

- Más innovadora: crecimiento en los ingresos
- Mejor innovación: crecimiento rentable gracias a la innovación
- Innovación gestionada: relación causal entre inversión y rendimiento
- Rendimiento de la innovación: rendimiento financiero ($) de la inversión en innovación

La siguiente tabla se basa en las mejores veinticinco corporaciones innovadoras (y algunas más), según los datos de *Businessweek* para el período entre el 2003 y el 2006, muestra las mejores cinco empresas para las cuatro categorías anteriores.

La Más Innovadora (Billones $)	La Mejor Innovación (Ratio)	Innovación Gestionada (Ratio)	Retorno de la Innovación ($)
Wal-Mart (92)	Google	Google	Google (2.85)
GE (48)	Apple	Apple	Dell (2.83)
P&G (24)	Genentech	Dell	Apple (2.0)
Dell (20)	Amazon.com	eBay	eBay (1.74)
Motorola (20)	eBay	Genentech	Nokia (0.84)

FIGURA 7.1   Empresa s en varias categorías de la innovación

Para que una empresa mantenga la innovación, esta debe regularmente introducir nuevos productos y servicios con importantes componentes innovadores. Tal empresa debe también enfatizar la comercialización de sus innovaciones con el fin de maximizar su retorno en innovación. Como muestra la tabla anterior ese retorno en innovación (medido en dólares) está lejos de ser maximizado. Los datos resaltan la necesidad para la institucionalización de la innovación, así como la mejora de ambos, eficiencia y efectividad, del proceso de innovación.

Ligando la innovación con la estrategia corporativa

Implantar la innovación con el claro mandato de obtener los resultados esperados, producirá resultados parciales. En muchas organizaciones, investigación y desarrollo e innovación se convierten en la meta final en lugar de ser un medio para alcanzar los objetivos de negocio. La innovación debe crear valor, emoción y rendimiento de la inversión a través del liderazgo, planificación y ejecución.

Las corporaciones tienen un objetivo, ser rentables sobre una base trimestral. El reto en la gestión de las ganancias por trimestres conduce a decisiones trimestrales que requieren mayor acción y menor reflexión. Mientras se toman acciones para recortar costos, los líderes a menudo recortan la innovación. Tal enfoque es contraproducente para crear una cultura de innovación. Las organizaciones priorizan los proyectos de investigación y desarrollo basándose en su habilidad para obtener rendimientos en corto plazo. Esta estrategia perseguirá a estas organizaciones en el largo plazo.

Las organizaciones deben distribuir recursos para ambos períodos: de largo plazo, investigación sobre lo fundamental y una plataforma para las innovaciones, y para corto plazo, desarrollo de derivados y variantes de las innovaciones realizadas. Grandes organizaciones que sacrifican investigación y desarrollo tecnológico en favor de innovaciones en diseño a corto plazo, derivan en colisiones repentinas. Intel y Motorola son buenos ejemplos de empresas permanentemente exitosas con problemas económicos debido a la falta de innovaciones fundamentales desde las cuales desarrollar nuevos productos plataforma. Intel necesita innovaciones fundamentales en el proceso y la fabricación, mientras que Motorola podría beneficiarse de las impresionantes innovaciones en las tecnologías de la comunicación.

Ligando la estrategia corporativa con el crecimiento rentable se apuntará a una planeación para la innovación a todos los niveles. Las empresas exitosas continuamente observan sus innovaciones con perspectiva anual, a diez años o a veinte años con el fin de perpetuar la cultura de la innovación. Mantener el crecimiento rentable a través de la innovación traerá el propósito a las actividades de innovación.

Capítulo Ocho

Enseñando la Innovación

Toda persona nació ser creativa. Las personas innova por sí mismas, por lo que no están totalmente ajenos al proceso de innovación. Sin embargo, la mayoría no ha profundizado lo suficiente sus pensamientos como para formular su proceso de innovación o pensamiento creativo. Como resultado la verdadera innovación es esporádica y rara.

Todos sabemos cómo andar, sin embargo, cuando se trata de una carrera, uno debe entrenarse intensamente para competir bien. Similarmente para mantenerse al día con la creciente demanda de soluciones y servicios innovadores, los empleados necesitan un marco de referencia para la innovación que les permita utilizar sus recursos intelectuales y materiales para desarrollar soluciones innovadoras cuando se necesitan, en lugar de hacerlo aleatoriamente. Los empleados necesitan aprender innovación usando un proceso holístico que es fácil de aplicar y producir soluciones innovadoras de manera significativa que puedan generar directa o indirectamente valor económico. La buena noticia es que el proceso de innovación es posible enseñarse.

Al igual que cualquier otra iniciativa de desarrollo de recursos humanos, las organizaciones deben establecer un programa de entrenamiento en innovación para sus ejecutivos y empleados. Los empleados directamente involucrados en diseño y desarrollo deben dominar las habilidades de innovación y alcanzar ciertos niveles de competencia para aumentar las probabilidades de éxito. Los empleados involucrados en mejoras innovadoras deben también entender el marco de referencia, las expectativas del cliente (internos y externos), y el uso de los recursos disponibles. Dos aspectos importantes del entrenamiento en innovación son crear conciencia para que puedan continuamente identificar oportunidades para la innovación e inspirar a los empleados a crear rápidamente soluciones innovadoras y útiles.

El emprendimiento es un tema común en los planes de estudio de las escuelas de negocio. Sin embargo la mayoría de programas de emprendimiento carecen de enseñanza en materia de innovación. Como resultado tenemos muchos emprendedores que carecen de la habilidad para producir soluciones innovadoras; por lo tanto, la tasa de supervivencia de nuevas empresas es baja. Algunas universidades ofrecen cursos en innovación. Debido a la carencia de trabajo fundamental en innovación, sin embargo, estas instituciones limitan la enseñanza, sobre todo, al desarrollo de tormentas de ideas y discusiones de sucesos pasados y fallos, en lugar de cómo llegar a ser innovador.

Hoy, más consumidores están demandando soluciones personalizadas y las empresas necesitan responder con esas soluciones sobre demanda. Por tanto la innovación ha madurado como proceso, así como los sistemas mecanizados lo hicieron en la era industrial. Para que el proceso de innovación se convierta en rutina, la ciencia e ingeniería que hay detrás de ella debe desarrollarse y enseñarse en colegios y empresas.

El *Illinois Institute of Technology (IIT)* ha tomado el liderazgo en ofrecer enseñanza en innovación de negocios a sus estudiantes. Lo siguiente es un curso que desarrollé y he enseñado en el IIT desde el 2006. Después de una exitosa carrera de seis semestres para dicho curso, un programa de entrenamiento y certificación fue desarrollado en el IIT para enseñar, a executivos y profesionales atareados, en un corto periodo de tiempo.

Programa del curso universitario

En este momento, dentro de ti, está el poder de hacer cosas que nunca soñaste pudieran ser posibles. Este poder está a tu disposición tan pronto como puedas cambiar tus creencias. — Maxwell Maltz

Este curso está diseñado para enseñar el pensamiento innovador a través de la teoría, métodos y práctica. El curso incorpora los procesos de pensamiento de Einstein y el método de Edison para establecer un proceso de innovación que pueda ser aplicado en las actuales condiciones del mundo de los negocios.

Las condiciones económicas actuales y la globalización requieren que la innovación se convierta en la herramienta que guíe y afile nuestra ventaja competitiva. La innovación ha sido considerada hasta ahora la única competencia de los ingenieros de diseño o de un grupo selecto de empleados; esta creencia ya no encaja con la realidad de hoy en día. La innovación es una habilidad aprendida y cualquiera puede llegar a ser innovador. Las corporaciones y organizaciones necesitan la innovación para desarrollar soluciones específicas para el cliente, prácticamente tiempo real. El que sigue es el típico programa del curso de un semestre de duración.

LIBROS DE TEXTO

Business Innovation in the 21st Century (2007) por Praveen Gupta
Open Innovation por Henry William Chesbrough
Making Innovation Work por Tony Davila, Marc J. Epstein, y Robert Shelton

TRABAJO DE INVESTIGACIÓN

Los estudiantes escriben un artículo o desarrollan una presentación documentando la evolución de un nuevo producto, tal como una computadora, un microchip, un teléfono móvil, avión, iPod o un artículo de su preferencia. Deben documentar las innovaciones clave y lo destacado hasta la fecha. Este trabajo les ayuda a interiorizar los conceptos de la naturaleza evolutiva de la innovación.

ARTÍCULOS / CASOS PRÁCTICOS

ARTÍCULOS

Se le solicita a los estudiantes revisar los siguientes casos *Harvard Business Review (HBR)*, presentar resúmenes de una página y espacio único para reflejar sus reflexiones. Esta solicitud les mantiene centrados en comprender al cliente y sus requerimientos.

1. *Real-Time Marketing* por Regis McKenna (*HBR* 95407)
2. *Knowing a Winning Idea When You See One* por W. Chan Kim y Renee Mauborgne (*HBR* R00510)

CASOS

Los estudiantes deben revisar los siguientes casos, mostrar su compresnión sobre los conceptos aprendidos en la clase respecto a estos casos de la vida real y estar preparados a responder una serie de preguntas sobre ellos.

1. *Procter and Gamble 2000* (A): The SpinBrush and Innovation at P&G" por William A. Sahlman y R. Matthew Willis (*HBR* 9-804-099)
2. *Innovation at 3M Corporation* (A) por Stephen Thomke (*HBR* 9-699-012)

SESIÓN	CONTENIDO
Semana 1	Introducciones, Expectativas de Clase, Revision del programa Debate — Historia de la Innovación, Ejercicio de calentamiento
Semana 2	Creatividad, Invención e Innovación Ejercicio: Entender la Diferencia
Semana 3	Herramientas Convencionales de Creatividad Ejercicio: Aplicación de las Herramientas de Creatividad Seleccionadas Charla del Invitado 1
Semana 4	Innovación en la Era de la Información & Necesidad de la Innovación sobre la Demanda/ marketing en tiempo real — Debate
Semana 5	Hardware Mental y Procesos Mentales & Marco para la Innovación
Semana 6	Sala para la Innovación Procter and Gamble (A) — Tarea de Clase
Semana 7	Tarea Proyecto de Innovación Charla del Invitado 2
Semana 8	Examen de Mitad de Período & Despliegue de la Innovación
Semana 9	Medidas de Innovación & Conocer la Idea Ganadora — Debate Charla del Invitado 3
Semana 10	Innovación en Servicio Ejercicio: Identificar las Medidas de Innovación en Servicio Organización
Semana 11	Proteger la Innovación/ Charla Invitado 4
Semana 12	Comercializar la Innovación & Innovación en 3M
Semana 13	Gestionar la Innovación, Repaso del Curso y Evaluación del Aprendizaje Ejercicio: Planificación para la Innovación (Artículo de Investigación & Entrega del Proyecto de Innovación)
Semana 14	Ensayo — Presentaciones de los Proyectos
Semana 15	Presentaciones de los Proyectos — Competición Premio al Estudiante Innovador
Semana 16	Examen Final: El Proyecto de Innovación

FIGURA 8.1   Típico Programa del Curso de un Semestre de duración

PROYECTO INDIVIDUAL DE INNOVACIÓN

Los estudiantes aplican la metodología de innovación completa en el área de su preferencia identificando una oportunidad y entonces desarrollando una solución innovadora. Este proyecto les da la oportunidad de practicar la metodología usando nuestros métodos registrados. Una vez que son capaces de aplicar los conceptos en el área de su interés, obtienen la confianza para aplicarla en sus campos de trabajo lo cual, en la mayoría de los casos no está demasiado lejos de sus áreas de interés.

Después de desarrollar su solución innovadora, los estudiantes hacen una pequeña presentación para la clase, la cual es juzgada por un comité de expertos que han clasificado las tres mejores innovaciones. Los premios en efectivo y reconocimientos son grandes motivadores para que compitan seriamente por su innovación.

Entrenamiento y certificación

En esta era del conocimiento la competencia de la innovación es una necesidad evolutiva en ambos niveles, individual y a nivel corporativo. Aprendiendo a ser más innovador y logrando la Certificación de Innovador de Negocios, las personas ganan la confianza para producir soluciones innovadoras para el crecimiento personal y profesional. Dado el estado de la economía y los retos a los que todos nos enfrentamos, las habilidades de innovación nos permitirán crear nuevas oportunidades tanto como emprendedores o como empleados. En cualquier caso, debemos maximizar el uso de nuestros recursos intelectuales.

La clase de Innovación Empresarial en el IIT de Chicago es un curso incomparable. Ofrece a sus participantes un amplio enfoque para aprender una implementar una metodología constante, desde la identificación de una oportunidad hasta el éxito comercial de una solución creativa. Después de todo la innovación es justamente creatividad aplicada. Estimulada por una retroalimentación excepcional durante los seis semestres de nuestro curso de innovación empresarial, hemos lanzado nuestros programas de innovación para la industria. Mientras un curso de un semestre de duración es adecuado para estudiantes de tiempo parcial o completo, los atareados ejecutivos quieren aprender rápidamente y empezar a practicar la innovación de forma definida. Al ver sus necesidades se crearon los siguientes para seguir apoyando los esfuerzos para educar a la gente en innovación:

1. Entrenamiento y Certificación del Innovador de Negocios (Innovación para Profesionales)

2. Entrenamiento OEDOC (Innovación para Gerentes)

3. Certificación de Maestro Innovador de Negocios (Formación de Instructores en Innovación)

4. Visión General de Innovación para Ejecutivos (Innovación para Ejecutivos)

El participante debe aprobar la Certificación de Innovador de Negocios en línea para llegar a ser un innovador en negocios certificado o un maestro innovador en negocios certificado.

RESEÑA SOBRE EL TEST DE CERTIFICACIÓN DEL INNOVADOR EMPRESARIAL

"Recién he completado -y afortunadamente lo he aprobado- ambas partes del examen de Certificación de Innovador en Negocios. Estaba advertido por Praveen Gupta, el creador del programa de certificación, que pasar el examen por primera vez no sería lo esperado y ahora puedo entender claramente por qué lo dijo. Este examen no es solamente una simple prueba de opción múltiple, que levemente toca aspectos del proceso de innovación en negocios. Es un examen mucho más riguroso que se construye metódicamente, desde los elementos fundamentales de la innovación -términos, definición, historia- y entonces exige del solicitante emplear un proceso escalonado de innovación sobre demanda, dentro de un tiempo límite de noventa minutos para demostrar la maestría del solicitante sobre la disciplina".

Peter Balbus, primer Innovador Certificado en Negocios, Dallas, Texas.

Conclusión

La innovación como solución nos equipa con una mejor comprensión del proceso de innovación. En ausencia de un claro entendimiento de este proceso, el líder empieza con una iniciativa de innovación, compromete recursos, establece medidas y entonces encuentra que la innovación no se produce. Sin embargo, con un conocimiento más a fondo del proceso de innovación, una estrategia claramente definida puede ser formulada y ejecutada para lograr los resultados esperados.

Como cualquier problema, el proceso de innovación comenzó como un reto sin solución. Este libro preparará a sus lectores para resolver el reto de innovación a su manera y disfrutar la experiencia de ser innovador.

Sobre el Autor

Praveen Gupta es el desarrollador del marco de referencia Breakthrough Innovation (Brinnovation) y la mayor autoridad mundial en materia de innovación docente. Es el arquitecto de la estrategia mapa de ejecución, el cual permite a las empresas incrementar las ganancias en tan poco tiempo como nueve meses. También es reconocido como un pensador líder en las áreas de excelencia e innovación, autor de muchos libros y campeón en el compromiso intelectual de las personas. Sus principios de gestión y métodos han sido implementados gracias a su relación costo efectividad en numerosas organizaciones que van desde pequeñas empresas a compañías dentro de las 50 encontradas en la revista Fortune.

Brinnovation es un marco de innovación adecuado para la enseñanza. Es un sencillo pero poderos enfoque para institucionalizar la innovación tanto para organizaciones lucrativas como sin ánimo de lucro. Su enfoque sobre innovación lo ha llevado, junto con el el Illinois Institute of Technology, a ofrecer la certificación de Innovador en Negocios, donde funge como Director del Centro para la Ciencia de la Innovación y Aplicaciones.

Praveen fue también fundador y editor en jefe del *International Journal of Innovation Science*, el cual fue diseñado para promover la ciencia y la ingeniería de la innovación. Otros títulos realizados incluyen *Business Innovation in the 21st Century*, *The Six Sigma Performance Handbook*, *Stat Free Six Sigma*, y *Six Sigma Business Scorecard*, los cuales han sido traducidos a muchos idiomas.

Sobre el Traductores

Ramón **Fernández-Linares García** es reciente titulado ingeniero industrial y alumno aventajado de Praveen Gupta. Realizó los cuatro primeros años de Ingeniería Industrial en la Escuela Superior de Ingenieros Industriales (ETSII) de la Universidad Politécnica de Madrid (UPM), la institución más prestigiosa de España en ingeniería y una de las más importantes a nivel europeo acreditado por el certificado ABET. Ramón se especializó en Organización Industrial.

El quinto y último año de su carrera lo cursó en el Instituto de Tecnología de Illinois (IIT), Chicago, a través de una beca que le fue otorgada por parte de su universidad de origen. En Chicago, Ramón realizó el Master en Industria Tecnología y Operaciones, y su proyecto de fin de carrera. El programa de acuerdo entre la ETSII-UPM y el IIT le otorga la doble titulación de Ingeniero Industrial con validez oficial en ambos países, España y EEUU, con el que pone el broche final a su carrera.

En el IIT conoce a Praveen Gupta miembro del jurado de *The Chicago Innovation CHASE*, competición por equipos enfocada al desarrollo de la cultura emprendedora y propuestas de negocio. Movido por su curiosidad innovadora empieza a trabajar junto a Praveen en su proyecto de fin de carrera sobre la innovación en el sector industrial español, identificando las oportunidades de innovación, y desarrollando una solución a través de las Startups y usando herramientas tales como Lean y Seis Sigma. Simultáneamente toma el curso impartido por Praveen de Innovación Empresarial que le sirve de complemento perfecto en su proyecto de investigación. Junto al gurú Praveen Gupta, Ramón se convierte en un experto en innovación, tanto es así que su tutor le invita a ser uno de los ponentes en las jornadas sobre innovación *Business Innovation Conference*. Ramón terminó el Master con un GPA de 4.00/4.00.

Ramón se define a sí mismo como una persona responsable y altamente comprometida con cada proyecto en el que se embarca. Esta filosofía trata de aplicarla en cada aspecto de su vida, trabajando siempre para lograr la excelencia. Ramón es una persona muy trabajadora, versátil, y con la capacidad de realizar varias tareas al mismo tiempo y adaptarse al cambio y las nuevas circunstancias del entorno. Gran capacidad de liderazgo y habilidades de comunicación para trabajar en equipo con lo que trata de abordar los nuevos desafíos y experiencias.

Luis Guillermo Castellanos tiene una licenciatura en Comunicación y Diseño Gráfico de la Universidad de Guadalajara, México. Es especialista en Corporate Gráfico Comunicación, Branding y Dirección Creativa. Liderazgo en Recursos Humanos creativas. Él anima a la generación de ideas y la libertad de creación. Experiencia en proceso de impresión, la experiencia en tanto, el papel y los textiles. Luis Works colabora con las principales marcas de mexicanos (Atletica, Tenis Charly, Universidad Tecnológica de León) y marcas internacionales (Disney, Fila, Skechers). También ha trabajado en la venta al por menor, materiales POP, Desarrollos producto con proveedores en el extranjero.

Luis ha sido profesor en la Universidad de Guanajuato para la enseñanza de Diseño Asistido por Ordenador (Ejemplo y Retoque Fotográfico), y la Universidad de Guadalajara para la enseñanza de un curso de Diseño Gráfico.

Bibliografía y Recursos Adicionales

Altshuller, Genrich. *And Suddenly the Inventor Appeared: TRIZ, the Theory of Inventive Problem Solving*. Worcester: Technical Innovation Center, 1996.

Basili, Victor R. "Software Modeling and Measurements: The Goal Question Metric Paradigm." Computer Science Technical Report Series, CS-TR-2956 (UMIACS-TR-92-96). College Park, MD: University of Maryland, 1992.

Chesbrough, Henry. *Open Innovation: The New Imperative for Creating and Profiting from Technology*. Boston: Harvard Business Press, 2003.

Christensen, Clayton M., and Michael E. Raynor. *The Innovator's Solution*. Boston: HBS Press, 2003.

The Creative Problem Solving Group, Inc. "The Climate for Creativity, Innovation, and Change." www.cpsb.com.

Drucker, Peter F. *Innovation and Entrepreneurship: Practice and Principles*. NYC: Harper & Row, 1993.

"The Discipline of Innovation." *Harvard Business Review*. August 1985.

Gupta, Praveen. *Six Sigma Business Scorecard: A Comprehensive Corporate Performance Scorecard.* New York: McGraw-Hill Publishers, 2003.

Innovation and Six Sigma, Six Sigma Columns. *Quality Digest*, December 2004. www.qualitydigest.com.

The Six Sigma Performance Handbook. New York: McGraw-Hill, 2004.

"Innovation: The Key to a Successful Project." *Six Sigma Forum Magazine*, August 2005.

4P's Cycle of Process Management." *Quality Progress*, April 2006.

Six Sigma Business Scorecard. New York: McGraw-Hill Publishers, 2006.

www.ingramcontent.com/pod-product-compliance
Lightning Source LLC
Chambersburg PA
CBHW070738220326
41598CB00024BA/3468